Tanja Niederstraßer

Materialien und Kopiervorlagen zu

# Willi Fährmann
# Der überaus starke Willibald

Hase und Igel®

# Inhalt



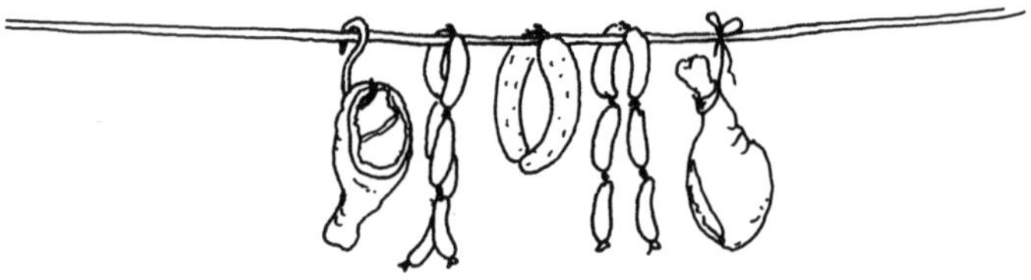


www.hase-und-igel.de
Lektorat: Birgit Fürst
Satz: Margit Kick
Illustrationen: Gisela Specht
Druck: Himmer AG, Augsburg

ISBN 978-3-86760-770-4

## Das Buch

„Der überaus starke Willibald“ ist längst ein Klassiker der Kinderliteratur. Das Buch von Willi Fährmann, der die Zeit des Nationalsozialismus selbst als Jugendlicher miterlebt hat, ist spannend, ausdrucksstark und lehrreich zugleich. Mit der Eindringlichkeit einer Fabel führt es vor Augen, was geschehen kann, wenn die Demokratie einer Diktatur weicht.

In einem großen Haus lebt ein Mäuserudel glücklich und friedlich. Wenn es Probleme gibt, sorgt der Präsident für eine demokratische Lösung. Das ändert sich jedoch, als der Präsident eines Tages kurzerhand abgesetzt wird. An seine Stelle tritt Willibald, ein herrischer Boss. Er regiert mit strenger Hand: Angst, Ausgrenzung und Gewalt sind schon bald an der Tagesordnung. Am schlimmsten trifft es Lillimaus, die ein Albino ist und aus diesem Grund in die Bibliothek verbannt wird. Dort bringt sich die kluge Maus selbst das Lesen bei und hilft dem Rudel damit in so manch schwieriger Situation. Auch als in der Küche ein leckeres Stück Speck ausgelegt wird, greift sie ein, denn sie erkennt, dass es sich um eine Mausefalle handelt. Der Boss Willibald ist verärgert, weil ihm jemand widerspricht, und streift mit seinem Schwanz versehentlich über die Falle. Sogleich schnappt die Falle zu und trennt ihm die Hälfte seines Mäuseschwanzes ab. Ein jammernder Boss mit halbem Schwanz ist keine Autorität mehr und so ist Willibalds Schreckensherrschaft vorbei. Das Rudel kommt zu der Erkenntnis, dass ein Leben in Freiheit mit einem gerechten Präsidenten doch am besten ist, und kehrt zu einem ruhigen, glücklichen Leben zurück.

Das Buch kann als Klassenlektüre gegen Ende des dritten Schuljahres und besonders im vierten Schuljahr eingesetzt werden. Die Handlung ist textimmanent schlüssig, viele „maustypische“ Verhaltensweisen werden angesprochen. Die Geschichte erlaubt aber auch zu jedem Zeitpunkt Bezüge zur Welt der Menschen. Viele historische Anspielungen, besonders auf die Zeit des Nationalsozialismus, können aufgearbeitet werden. Zahlreiche Bezüge zur Lebenswelt der Kinder lassen sich immer wieder herstellen.

## Das Material

Das Unterrichtsmaterial ist in einen Lehrerteil und daran anschließende Kopiervorlagen untergliedert. Im Lehrerteil finden Sie Inhaltszusammenfassungen der einzelnen Abschnitte, Gesprächsanlässe, Tipps zum Einsatz der Arbeitsblätter und weiterführende Ideen.

Ein Großteil der Kopiervorlagen dient der Aufarbeitung der Kapitelthemen mit handlungsorientierten Aufträgen und abwechslungsreichen Übungen zum sinnerfassenden Lesen. Auch die politischen Anspielungen in dem Buch kommen hier immer wieder zur Sprache. Die Kinder setzen sich kritisch mit dem Verhalten des Rudels und ihres Anführers auseinander (z. B. Ausgrenzung, Gewalt, Alleinherrschaft) und werden aufgefordert, Stellung dazu zu beziehen. So wird die Lebenswelt der Mäuse mit der eigenen verbunden. Vorbildhaftes, aber auch verachtenswertes Verhalten kann auf diese Weise an den Erfahrungen der Kinder gemessen werden.

Möchten Sie die politischen Themenbereiche mit Ihrer Klasse tiefergehend aufarbeiten und Fachbegriffe einführen, so kann dies mit den Kopiervorlagen auf den Seiten 54 bis 56 geschehen. In Form von Lernspiralen setzen sich die Schüler zunächst mit einem Terminus auseinander. Sie stellen anschließend einen Bezug zur eigenen Lebenswelt her, suchen aber auch nach Parallelen im Buch.

Durch Bastelangebote (Seite 52 und 53) können Sie zwischendurch die Arbeit an dem Buch auflockern. Auch die Mäuse-Fingerpuppen auf der Seite 34 können die Schüler zu jedem beliebigen Zeitpunkt herstellen und für das Nachspielen von Szenen aus dem Buch verwenden.

Somit bietet dieses Material eine Fülle von Einsatzmöglichkeiten auf verschiedenen Leistungsniveaus und mit unterschiedlicher Schwerpunktsetzung.

Die Symbole in der Kopfzeile jeder Kopiervorlage geben die methodischen Schwerpunkte an, die auf dem jeweiligen Arbeitsblatt zum Tragen kommen. Dies ermöglicht eine schnelle Übersicht über die anzuwendenden Arbeitstechniken.

## Vor der Lektüre

Teilen Sie die Bücher aus. Auf dem Umschlag ist bereits zu erkennen, dass es sich um eine Mäusegeschichte handelt. Was wissen die Schüler über Mäuse? Hat ein Kind vielleicht eine Maus als Haustier und kann davon berichten? Gibt es Kinder, die vor Mäusen Angst haben oder sich ekeln? Gestalten Sie vor dem Beginn der Lektüre ein Plakat mit spannenden Informationen über Mäuse und passenden Bildern, das lektürebegleitend erweitert werden kann.

Die Mäuse auf dem Einband sehen nicht glücklich aus – was erleben sie möglicherweise gerade? Wer sich die Mäuse genauer ansieht, entdeckt, dass sie verschiedene Stimmungen darstellen, die von den Kindern benannt oder auch nachgestellt werden können: Die weiße Maus rechts wirkt ängstlich, die Maus links vorn schaut böse und angriffslustig zu ihr herüber. Die dicke Maus dahinter wirkt selbstgefällig, als würde sie einen bösen Plan aushecken. Etwas Gefährliches oder Schlimmes entdeckt offenbar die springende Maus links oben. Die Schüler überlegen, wie die einzelnen Mäuse wohl im Zusammenhang stehen.

Wenn die Kinder ihre Vermutungen schriftlich festhalten, können sie sie am Ende der Lektürearbeit noch einmal hervorholen und mit den Erkenntnissen, die sie beim Lesen gewonnen haben, vergleichen. Dann fällt es sicher leicht, zumindest Lillimaus und Willibald auf dem Einband zu identifizieren.

Alternativ können die Kinder mithilfe des Einbands „Forscherfragen“ beantworten: Welche Informationen erhalten wir über den Einband? Wie heißt der Autor, wie der Verlag? Was verrät der Text auf der Rückseite, was lässt er offen?

## Hinweise zur Kopiervorlage

KV Seite 17

### Willibald-Lesezeichen

Das „Willibald-Lesezeichen“ soll die Schüler durch die Lektürearbeit hindurch und auch darüber hinaus begleiten. Es stimmt thematisch auf die Geschichte ein und erfüllt auch praktische Zwecke.

Wenn sie es etwas aufwendiger gestalten möchten, bohren die Kinder in das zusammengeklebte Lesezeichen mit einer spitzen Schere unten mittig ein Loch. Alternativ benutzen sie dazu einen Locher. Daran wird ein Bändchen aus bunter Wolle, Bast oder Geschenkband geknotet. Haben die Schüler bereits gelernt Kordeln zu drehen, kann diese Fähigkeit hier auch zum Einsatz kommen.

## Willibald, der neue Boss

1. bis 3. Kapitel (Seite 5 bis 28)

## Inhalt

In einem großen Haus führt ein Mäuserudel ein glückliches und zufriedenes Leben. Jede Nacht suchen die Mäuse im Haus nach Futter und treiben ihre Späße.

Eines Nachts entdecken die Mäuse jedoch, dass die Tür, die sie vor den Gefahren des Gartens schützt, nicht geschlossen ist. Mausegeorg, der Präsident, ruft alle zusammen. Er will in Ruhe beraten, wie man sich vor der Katze im Garten schützen kann. Doch einige Mäuse beginnen zu murren. Sie verlangen einen Boss, der allein alles regelt – ohne lange Beratungen. Der Präsident wird kurzerhand abgesetzt und Willibald ernennt sich selbst zum Boss. Willibald beschuldigt Lillimaus, dass sie die Tür zum Garten geöffnet hat. Weil sie ein Albino ist, weist er ihr eine Außenseiterrolle im Mäuserudel zu. Außerdem führt Willibald strenge Regeln ein: Er lässt die Mäuse marschieren und ein gemeinsames Lied singen. Sobald er „Die Katz!“ ruft, muss jeder in sein Mauseloch verschwinden. Widersetzt sich jemand, wird er vor allen anderen erniedrigt.

## Gesprächsanlässe

Mausegeorg war der Präsident des Mäuserudels.

- Wie kam er in dieses Amt?
- Was machte ihn für diese Aufgabe geeignet?

Schlagen Sie einen Bogen zur Lebenswirklichkeit der Schüler.

- Wie bestimmt ihr euren Klassensprecher?
- Welche Anforderungen gibt es bei diesem Amt?
- Welche Eigenschaften sollte der Klassensprecher haben?

Sensibilisieren Sie die Kinder dafür, dass es nicht sinnvoll ist, unbedingt seine Freunde oder besonders beliebte Schüler zum Klassensprecher zu wählen, sondern sich ernsthaft zu überlegen, wer für dieses Amt geeignet ist.

- Wer übernimmt gerne Verantwortung?
- Wer kann auf alle Schüler der Klasse gut eingehen?
- Wer kann Anliegen der Klasse gegenüber Lehrkräften vertreten?

In Ansätzen wird bereits im 3. Kapitel deutlich, wie der Boss reagiert, wenn jemand „aus der Reihe tanzt“. Lassen Sie die Schüler diese Textpassagen herausfiltern. Anschließend finden die Kinder sicher Beispiele für Alltagssituationen, in denen eine einzelne Person „gegen den Strom schwimmt“.

- Wie reagieren die anderen darauf?
- Wie verhält sich die Klasse, wenn ein Kind etwas anderes denkt oder sagt als der Rest der Klasse?

## Hinweise zu den Kopiervorlagen

KV Seite 18

### Die Mäuse suchen ihr Futter

Dieses Arbeitsblatt dient der Orientierung in der Geschichte und in dem Haus, in dem sie spielt. Es bietet eine handlungsorientierte Übung zum sinnverstehenden Lesen.

**Lösung**

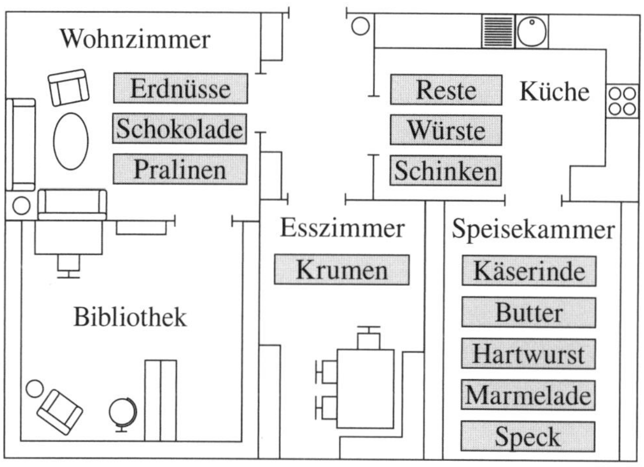


**Weiterführende Anregung**

Im 1. Kapitel wird auch beschrieben, wie die Mäuse in der Bibliothek über den Globus laufen und dabei Länder und Ozeane überqueren. Bringen Sie einen Globus mit in den Unterricht. Nach einer allgemeinen Orientierung (Kontinente, Ozeane, Deutschland …) können die Kinder gemeinsam die Länder suchen, die im Buch erwähnt werden.

KV Seite 19

### Wissenswertes über Mäuse

Hier wird das sachkundliche Thema „Mäuse“ vertieft (vgl. „Vor der Lektüre“, Seite 4). Die Schüler füllen mithilfe des Sachtextes den Steckbrief aus. Durch Bilder oder zusätzliche Informationen können sie ihn ergänzen. Bei der letzten Aufgabe zu den Sinnen der Mäuse bietet sich ein Vergleich mit den Sinnen an, mit denen wir Menschen ausgestattet sind. Mäuse verfügen über ein sehr gutes Riechvermögen. Neben ihrem Geruchssinn ist auch der Tastsinn sehr gut ausgeprägt. Die Tasthaare (Vibrissen) helfen der Maus, sich in der Dunkelheit gut zurechtzufinden. Auch das Hörvermögen ist gut entwickelt. Allerdings können Mäuse nur im ganz nahen Bereich gut sehen.

**Lösung**

*Aufgabe 2:*

Bezeichnung des Tieres: Hausmaus
Gattung: Nagetiere
Länge: 7–11 cm, Schwanzlänge: 7–10 cm
Gewicht: 20–25 g, max. 45–60 g
Verständigung: durch Gerüche und Ultraschalllaute
Feinde im Haus und in der Umgebung: Katzen, Ratten, Marder
Feinde in freier Natur: Greifvögel, Eulen, Fuchs

*Aufgabe 3:*

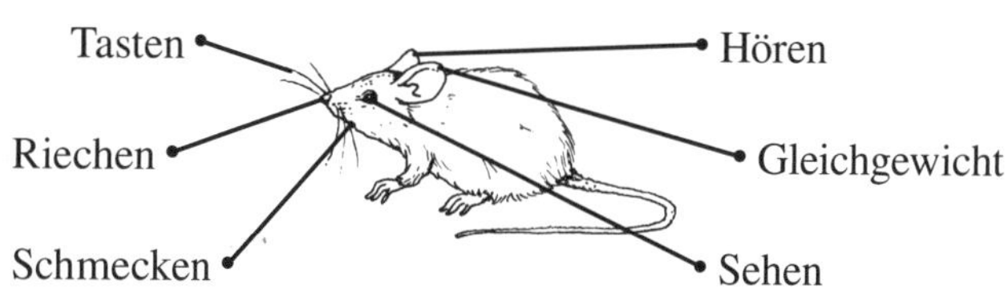


KV Seite 20

### Präsident oder Boss?

Klären Sie vor der Bearbeitung des Blattes die beiden Begriffe „Präsident“ und „Boss“. Was assoziieren die Kinder mit den beiden Begriffen? Worin sehen sie Unterschiede? Was ist der Unterschied zwischen dem Mäusepräsidenten Mausegeorg und dem Boss Willibald?

Die Kopiervorlage arbeitet anhand gezielter Fragen zum Text auf, warum die Mäuse ihren Präsidenten absetzen und Willibald der neue Boss wird. Auch Lillimaus' Außenseiterrolle wird thematisiert.

Bereits zu diesem frühen Zeitpunkt können Sie die zwei Lernspiralen auf den Seiten 54 und 55 einsetzen. Es sind die Infoseiten „Diktatur“ und „Demokratie“.

**Lösung**

1. Sie ist ein Albino, sie hat weißes Fell und rote Augen.
2. z. B. Den Mäusen gefällt nicht, dass <u>dem Präsidenten nichts Besseres einfällt, als zu beraten</u> (Seite <u>16</u>).
   Den Mäusen gefällt nicht, dass <u>der Präsident immer nur redet, abstimmt und Stimmen auszählt</u> (Seite <u>17</u>).
   Den Mäusen gefällt nicht, dass <u>mit dem Präsidenten alles viel zu lange dauert</u> (Seite <u>19</u>).
3. Es gibt keine langen Beratungen mehr. Einer entscheidet allein für alle.

4. Er bestimmt sich selbst zum Boss und läuft auf dem Globus dreiunddreißig Runden.
5. Willibald verspricht genug zu fressen und Sicherheit.
6. z. B. Lillimaus befürchtet, dass die Anfeindungen noch schlimmer werden.

**Weiterführende Anregungen**

- Die Abschlussfrage der Kopiervorlage beschäftigt sich mit der Ausgrenzung von Lillimaus, da sie ein Albino ist und somit anders aussieht als die anderen Mäuse. Dies können Sie als Einführung in ein Gespräch zum Thema „Andersartigkeit“ bzw. „Akzeptanz von Andersartigkeit“ (in unserer Klasse oder Schule) nutzen. Wird auch bei uns – so wie im Mäuserudel – jemand, der anders ist oder anders aussieht, ausgegrenzt?
- In der Versammlung wird der Präsident kurzerhand abgesetzt und Willibald zum neuen Boss bestimmt. Wie wäre die Veranstaltung abgelaufen, wenn sich alle an die Spielregeln der Demokratie gehalten hätten? Wenn nach ausgiebiger und fairer Diskussion eine Entscheidung getroffen worden wäre? Den Schülern soll deutlich werden, dass das Verhalten der Mäuse nicht vorbildhaft ist. Ein Bezug zu Abstimmungen und Diskussionen in der Klasse kann hier eine Verbindung zwischen dem Buch und der eigenen Lebenswelt schaffen. Auch auf das Thema „Klassensprecherwahl“ können Sie eingehen (vgl. Gesprächsanlässe, Seite 4).

KV Seite 21

**Mäusenamen**

Da zu Beginn des Buches gleich etliche Mäusenamen eingeführt werden, greift das Arbeitsblatt das Thema durch ein motivierendes Rätsel auf. Für den Verlauf des Buches ist es nicht relevant, dass die Schüler alle Namen korrekt zuordnen können. Es sollte jedoch schrittweise herausgearbeitet bzw. erkannt werden, wer auf Willibalds Seite steht und welche Mäuse eher Lillimaus unterstützen.

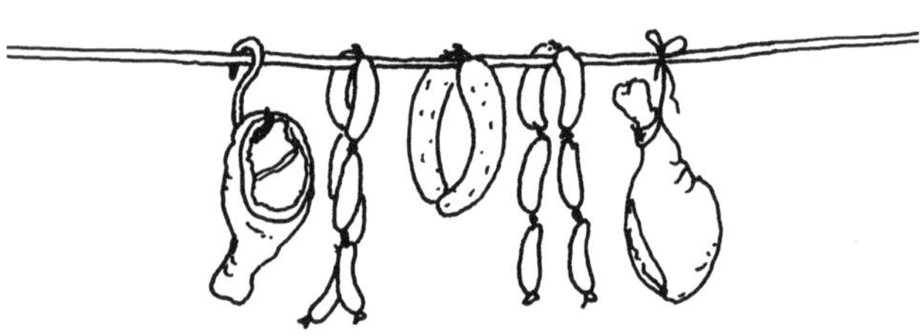

**Lösung**

*Aufgabe 1:*

| | | | | | H | E | R | M | A | N | N | M | A | U | S |
|---|---|---|---|---|---|---|---|---|---|---|---|---|---|---|---|
| | | | | | | | | | | | | A | | | |
| | | | | | | | | M | | | | U | | | |
| | | K | A | R | L | E | M | A | U | S | | S | | | |
| | | | | | | | | U | | | | E | | | |
| | M | | | | M | A | U | S | E | H | U | G | O | | |
| | A | | | | | | | E | | | | E | | | |
| | U | | | M | | | | F | | | | O | | | M |
| | S | | | A | | | | R | | | | R | | | Ä |
| | E | | | U | | | | I | | | | G | | | U |
| | M | | | S | | | | E | | | | | | | S |
| W | I | L | L | I | B | A | L | D | | | | | | | E |
| | M | | | K | | | | E | | | | | | | J |
| | I | | | A | | | | R | | | | | | | O |
| | | | | R | | | L | I | L | L | I | M | A | U | S |
| | | | | I | | | | K | | | | | | | E |
| | | | | N | | | | E | | | | | | | F |

*Aufgabe 2:*

z. B. Willibald: streng, stark, gehässig
Lillimaus: klug
Mäusejosef: schlau, bestimmend

KV Seite 22

**Veränderungen**

Auf diesem Arbeitsblatt setzen sich die Schüler mit den ersten Veränderungen, die Willibald vornimmt, kritisch auseinander. Es gibt Parallelen zum Militär, die Sie hier genauer thematisieren können.

Die Neuerungen, die der Boss einführt, weisen viele Parallelen zur Zeit des Nationalsozialismus auf. Daher können Sie weiterführend die Infoseite (Seite 56) zu diesem Thema bearbeiten.

**Lösung**

*Aufgabe 1:*

z. B. Die Mäuse müssen marschieren (Seite 23).
Neue Lieder werden eingeübt (Seite 24).
Stillstehen und Pfote an der Nase beim Singen (Seite 24).

*Aufgabe 2:*

Die Mäuse werden beschimpft und erniedrigt.

*Aufgabe 3:*

z. B. Marschieren, Singen, Stillstehen, Gehorsam, „Abhärtung“

**Weiterführende Anregung**
Willibald lässt die Mäuse beim Singen stillstehen. Macht das wohl Spaß? Im Selbstversuch kann die Klasse dies herausbekommen: Die eine Hälfte der Klasse darf sich beim gemeinsamen Singen bewegen, die andere Hälfte muss stillstehen – welche Gruppe fühlt sich wohler?

**Die Angst vor der Katze**
4. bis 7. Kapitel (Seite 29 bis 62)

## Inhalt

Nach drei Monaten als Boss ordnet Willibald an, das Haus aufzuteilen. Jede Mäusefamilie bekommt ein Zimmer. Nur Lillimaus muss ganz allein in der Bibliothek wohnen.

Eines Tages hat der Boss eine Idee zum Schutz vor der Katze. In der Küche sollen Erbsen ausgestreut werden. Wenn die Katze darauftritt, hören sie die Mäuse und können schnell in ihren Löchern verschwinden. Damit aber die Köchin nichts davon erfährt, muss das Rudel die abends ausgestreuten Erbsen morgens wieder einsammeln. Doch die Arbeit ist mühsam und lästig und bei einigen Mäusen kommen Zweifel auf, ob die Katze im Garten tatsächlich existiert. Das Rudel beginnt zu murren.

Der schlaue Mäusejosef entwickelt einen Plan: Um den Mäusen den Blick in den Garten zu versperren, sollen die Vorhänge vor dem Fenster zugezogen werden. Am Abend hängen sich alle an die Gardinenschnur, sogar die verbannte Lillimaus muss mithelfen. Als der Boss sich auch an die Schnur hängt, schließt sich der Vorhang.

## Gesprächsanlässe

Für Lillimaus ist es schlimm, dass sie in die Bibliothek verbannt worden ist. Dort ist es schwierig, an etwas Essbares zu kommen, und zudem langweilig.
- Wie könnte sich Lillimaus in der Bibliothek beschäftigen?
- Wie geht ihr mit Langeweile um, welche Beschäftigungsmöglichkeiten nutzt ihr?
- Gibt es Alternativen zu Computer, Fernsehen und Spielkonsole?

Auf Seite 52 heißt es: „Wer zu viel sieht, der denkt zu viel. Wer denkt, der ist gefährlich.“ Reflektieren Sie gemeinsam in der Klasse diesen Satz.
- Wie ist er im Kontext des Buches zu verstehen?
- Gibt es auch reale Beispiele dafür, dass Menschen bewusst unwissend gelassen werden oder wurden, um keine Unruhe zu stiften? Vielleicht gibt es Kinder, deren Eltern oder Großeltern das sozialistische Regime der DDR erlebt haben, zu dem hier Parallelen gezogen werden können (Stichworte „Grenzzaun“ und „Berliner Mauer“).

## Hinweise zu den Kopiervorlagen

KV Seite 23

**Verbote**
Um Verbote und Gesetze geht es auf diesem Arbeitsblatt. Die erste Aufgabe ist angelehnt an Verkehrsschilder und ermöglicht so die Ausweitung des Themas: Wo finden wir in unserer Umwelt Verbote und Regelungen? Welche davon sind wichtig? Gibt es auch unsinnige Verbote? Die kritische Auseinandersetzung mit den Verboten, die Willibald ausgesprochen hat, schlägt den Bogen wieder zurück zum Buch. Hieran knüpft unmittelbar die ungerechte Raumaufteilung an, die der Boss angeordnet hat. Darüber hinaus ist es für die Kinder sicher keine schöne Vorstellung, sich immer nur in einem einzigen Raum aufhalten zu dürfen.

**Lösung**
*Aufgabe 1:*
Verbote:
- Klettern
- Spielen in der Bibliothek
- über den Globus laufen
- über Bücher rutschen
- hinter Buchreihen verstecken

*Aufgabe 3:*
Herrenzimmer: Mausegeorg
blauer Salon: Mauseerna
Vorratskammer: Mäusejosef, Hermannmaus, Willibald
Bibliothek: Lillimaus
Küche: Mäuseminna und Mäusepitt
Büro: Mausephilipp
Kinderzimmer: Mauseberta
Wohnzimmer: Mausemimi
Abstellkammer: Mäusefriederike und Karlemaus
Vorratskeller: Mausikarin
Speisezimmer: Mausehugo und Paulamaus
Waschküche: Mäuseemil

KV Seite 24

### In der Bibliothek

Dieses Arbeitsblatt lässt sich sehr gut mit einem Besuch in der Schul- oder Stadtbibliothek verbinden, es kann aber auch unabhängig davon eingesetzt werden. Die Kinder tauschen sich in Partnerinterviews nicht nur über ihre Bibliothekserfahrungen aus, sondern auch über ihre Lesegewohnheiten.

KV Seite 25

### Lillimaus und Mausephilipp

Das Blatt ist eine Mischung aus Einzelarbeit, Gruppenarbeit und Klassengespräch. Lillimaus' missliche Situation wird hierbei deutlich herausgestellt und mit der eigenen Lebenswirklichkeit der Kinder in Verbindung gebracht. Vielleicht kommen die Schüler bereits an dieser Stelle des Buches zu der Erkenntnis, dass es das Beste wäre, wenn Lillimaus das Lesen lernen würde, um sich nicht mehr so zu langweilen.

**Beispiellösung**

*Aufgabe 1:*

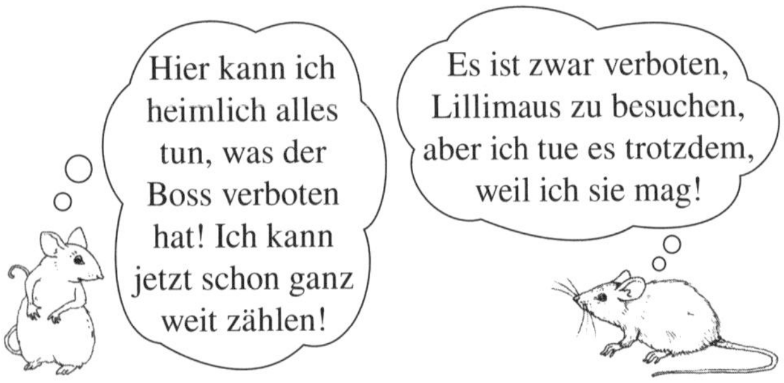


*Aufgabe 4:*

Lillimaus kann mit den Büchern nicht viel anfangen. Sie kann nur heimlich von den Büchern rutschen, Büchertreppen hinauf- und hinunterhüpfen oder Zählen üben.

KV Seite 26

### Katzenabwehr

Über das Leben und Verhalten von Mäusen sowie über ihre Feinde haben Sie sicher im Rahmen der Unterrichtseinheit schon mit Ihrer Klasse gesprochen, eventuell auch die Kopiervorlage auf Seite 19 bearbeitet und/oder ein Klassenplakat angefertigt. Der Schutz vor dem Feind „Katze" steht auf diesem Arbeitsblatt im Mittelpunkt, wobei im ganzen Buch nicht aufgelöst wird, ob diese Gefahr real existiert oder nur ein Druckmittel ist, mit dem sich der Boss sein Rudel gefügig macht.

**Lösung**

*Aufgabe 1:*

Mäusepitt: Fensterklappe zunageln

Mausephilipp: darauf achten, dass die Tür immer dicht ist

Willibald: Erbsen ausstreuen

*Aufgabe 3:*

Vorteile: Erbsen sind in der Küche vorhanden. Wenn die Katze zu hören ist, können alle schnell zu ihren Mauselöchern laufen. Das schafft Sicherheit.

Nachteile: Das Ausstreuen macht Mühe. Die Erbsen müssen jeden Morgen wieder eingesammelt werden, bevor die Köchin kommt.

KV Seite 27

### Märchenrätsel

Im 5. Kapitel (Seite 37–46) wird von der Köchin berichtet, die in der Küche Märchen erzählt. Daran knüpft diese Kopiervorlage an. Wie viele verschiedene Märchen kennen die Schüler? Wer kann in einigen Sätzen nacherzählen, worum es in den Märchen geht? Sammeln Sie das Vorwissen der Kinder, denn eine Grundkenntnis einiger Märchen ist notwendig, um die Aufgabe zu bearbeiten. Je nach Leistungsstand der Schüler kann sie in Einzel-, Partner- oder Gruppenarbeit gelöst werden.

**Lösung**

| Frau Holle | „Kikeriki, unsere goldene Jungfrau ist wieder hie." |
|---|---|
| Die Prinzessin auf der Erbse | „Ich habe auf etwas Hartem gelegen, sodass ich am ganzen Körper braun und blau bin." |
| Der süße Brei | „Töpfchen, koche!" |
| Rotkäppchen | „Großmutter, warum hast du so große Augen?" |
| Schneewittchen | „Wer hat von meinem Tellerchen gegessen, wer aus meinem Becherchen getrunken?" |
| Der Wolf und die sieben Geißlein | „Was rumpelt und pumpelt in meinem Bauch herum?" |
| Der Froschkönig | „Königstochter, jüngste, mach mir auf!" |
| Rumpelstilzchen | „Heute back ich, morgen brau ich, übermorgen hol ich der Königin ihr Kind." |
| Dornröschen | Der König, der sein liebes Kind vor dem Unglück gern bewahren wollte, befahl, dass alle Spindeln im ganzen Königreiche verbrannt werden. |
| Sterntaler | Und wie es so stand und gar nichts mehr hatte, fielen auf einmal die Sterne vom Himmel. |

**Weiterführende Anregung**

Stellen Sie auf einem Tisch eine Märchen-Ausstellung mit Büchern zusammen, die die Kinder von Zuhause mitbringen. Es kann auch eine Zeit lang eine Aktion mit dem Titel „Märchen des Tages" durchgeführt werden: Zu Beginn jedes Schultages bzw. jeder Deutschstunde stellt ein Kind ein Märchen vor.

KV Seite 28

**Blick in den Garten**

Hier geht es um die Katze, die der Boss als Druckmittel einsetzt. Die (vermeintliche) Bedrohung von außen benutzt er als Vorwand, um nach innen Gehorsam, Disziplin und Kontrolle einzufordern. Dies ist ein grundlegendes Element von Diktaturen. Die Schüler bearbeiten die Kreativaufgabe mithilfe des Buches. Sie zeichnen den Garten, wie Mausephilipp ihn gesehen hat, ergänzen aber auch die Katze, die Mäusejosef sehr anschaulich beschreibt.

Damit diejenigen Mäuse, die an der Existenz der Katze zweifeln, keine weitere Unruhe stiften, sammeln Willibald und seine beiden Helfer Ideen, um den Blick nach draußen zu versperren. Zunächst sollen die Kinder die Vorschläge aus der Lektüre notieren, diese Sammlung kann jedoch um eigene Ideen ergänzt werden.

**Lösung**

*Aufgabe 1:*

Folgende Elemente werden im Buch erwähnt, die in das Bild eingebaut werden sollen: Mond, Gartenzaun, Bäume, Bach, Haselmaus, Gras, Katze mit riesigen grünen Augen, spitzen, langen Fangzähnen und scharfen Krallen.

*Aufgabe 2:*

So kann der Blick nach draußen versperrt werden: Augenbinden, Fenster mit einem Tuch verhängen, Vorhang zuziehen.

KV Seite 29

**Der Vorhang**

Obwohl dieses Arbeitsblatt anknüpfend an die Lektüre „Der Vorhang" heißt, geht es schwerpunktmäßig um etwas anderes. Der Fokus liegt darauf, dass mit vereinten Kräften etwas gelingt, was ein Einzelner nie schaffen würde. Zu dem Motto „Gemeinsam sind wir stark" soll zunächst für das Mäuserudel ein weiteres Beispiel ausgedacht werden. Danach wird wieder die Lebenswelt der Kinder in den Blick genommen. Möglicherweise gibt die Abschlussaufgabe den Impuls, mit der Klasse ein Gemeinschaftsprojekt anzugehen.

**Lillimaus lernt lesen**
8. bis 11. Kapitel (Seite 63 bis 93)

## Inhalt

Lillimaus langweilt sich in der Bibliothek und beginnt, sich selbst das Lesen beizubringen. Sie entdeckt, dass sich dadurch neue Welten eröffnen.

Im Kinderzimmer findet das Rudel eine elektrische Eisenbahn. Willibald setzt sich in einen der Wagen und lässt sich von einigen Mäusen schieben. Als der Mausephilipp sich über das hohe Arbeitspensum beklagt, wird er zur Strafe übel zugerichtet.

In den Nächten haben die Mäuse nun viel zu tun: Erbsen streuen, Gardinen zuziehen und Wagen schieben. Lillimaus verrät den Mäusen, dass sich die Eisenbahn auch mit einem Trafo bedienen lässt. Doch statt eines Dankes wird sie gleich wieder in die Bibliothek zurückgejagt. Willibald nutzt mit seinen Getreuen die Eisenbahn und lässt auch andere verdiente Mäuse fahren, bis das Menschenkind sie wieder abbaut. Inzwischen überlegt Lillimaus, das Rudel zu verlassen.

## Gesprächsanlässe

Die Mäusefriederike vergleicht Bücher mit Dornröschen. In dem Märchen wird die Prinzessin lebendig, als sie der Prinz wach küsst.

- Wie werden Bücher bzw. Geschichten lebendig?

Eines Nachts entdecken die Mäuse eine Modelleisenbahn. Hat ein Schüler eine Modelleisenbahn zu Hause?

- Was ist toll an einer Modelleisenbahn?
- Welche Spielsachen hast du zu Hause?
- Womit spielst du am liebsten?

Plötzlich ist die Eisenbahn wieder weg.

- Warum?
- Welche Spielsachen räumst du von Zeit zu Zeit wieder weg?

## Hinweise zu den Kopiervorlagen

KV Seite 30

**Lillimaus lernt lesen**

Durch die Beschreibung und Reflexion, wie Lillimaus lesen gelernt hat, setzen sich die Schüler auch mit ihrem eigenen Leselernprozess auseinander, den sie im ersten Schuljahr durchlaufen haben. Die Kreativaufgabe mit dem Bildwörterbuch erinnert die Kinder vielleicht an die Anlauttabelle, die sie beim Lesenlernen verwendet haben.

**Lösung**
*Aufgabe 1:*
Lillimaus hat Bilder mit Zeichen verbunden, die für Anlaute stehen. So hat sie die Buchstaben gelernt. Dann fing sie an, die Buchstaben zu Wörtern zu verbinden. Schließlich konnte sie Sätze lesen, kleine Abschnitte, ganze Seiten und am Ende sogar ein ganzes Buch.

KV Seite 31

**„Lesen ist wie ..."**
Nachdem sich die Kinder durch das vorherige Arbeitsblatt an ihr eigenes Lesenlernen erinnert haben, geht es nun darum zu reflektieren, was das Lesen jedem Einzelnen bedeutet. Hierbei beschäftigt sich das Blatt zunächst mit den Aussagen im Buch, daran knüpfen sich die Leseerfahrungen der Schüler an.

**Lösung**
*Aufgabe 1:*
1. „Lesen ist wie fliegen, fliegen aus unserer Küchentür hinaus hoch über die Bäume im Garten hin und weiter, immer weiter in ferne Länder und ferne Welten."
2. „Lesen, das ist wie segeln, segeln den Bach hinter dem Garten hinab und weiter, immer weiter durch reißende Ströme und endlose Meere."
3. „Lesen, ja, das ist wie sehen mit anderen Augen."

*Aufgabe 2:*
z. B. In Geschichten findet jeder, der sie liest, etwas von sich wieder: seine Fantasie, seine Gefühle, Ängste, Sorgen oder seine Freude. Man kann in Büchern etwas lernen, z. B. über Freundschaft, das man selbst im Leben verwenden kann.

**Weiterführende Anregung**
Im Anschluss an die Bearbeitung des Blattes kann jedes Kind versuchen, einen persönlichen „Lesen ist wie ..."-Satz zu formulieren und auch etwas dazu malen. Mit den Ergebnissen lässt sich ein gemeinsames Plakat für den Klassenraum gestalten.

KV Seite 32

**Geschichte von der hungrigen Mäusefamilie**
Vordergründig beschäftigt sich dieses Arbeitsblatt damit, die Schüler die Textteile passend zusammensetzen zu lassen, womit das sinnerfassende Lesen geschult wird. Darüber hinaus hat die „Geschichte von der hungrigen Mäusefamilie" aber auch eine inhaltliche Komponente. Wer in schlechten Zeiten an andere denkt, wird später dafür belohnt. Diese Aussage lässt sich sowohl textimmanent als auch auf die Lebenswirklichkeit der Kinder hin interpretieren.

**Lösung**
*Aufgabe 1:*

| | |
|---|---|
| Es gab einmal eine sehr arme Mäusefamilie, ... | fiepte eine arme Bettelmaus vor der Höhle und bat um etwas zu essen. |
| Eines Tages fand der Mäusemann eine alte Brotkruste ... | streckte die Bettelmaus auf einmal ihren Schwanz und streifte ihn über das Brot. |
| Als die Familie gerade anfangen wollte, sich die Kruste zu teilen, ... | „Hunger und Armut haben euch nicht hart gemacht." |
| Die Mausemutter sagte: ... | die wusste vor Hunger nicht ein noch aus. |
| Als sich die Mäusefamilie um die Kruste versammelt hatte, ... | sagte die Bettelmaus weiter. |
| Da sprach die Bettelmaus: ... | bis ihre Bäuche rund und prall waren, aber die Kruste wurde nie kleiner. |
| „Weil ihr eure Kruste mit mir geteilt habt, so soll sie nie zu Ende gehen!", ... | und schleppte sie in die Höhle zu seiner Familie. |
| Von nun an konnte die Mäusefamilie so lange an der Brotkruste essen, ... | „Satt werden wir von der kleinen Kruste ohnehin nicht. Also komm und iss mit uns!" |

KV Seite 33

**Die elektrische Eisenbahn**
Bei der ersten Aufgabe geht es um das Fachvokabular zum Thema „Eisenbahn". Darüber hinaus greift das Blatt auch den Konflikt zwischen dem Mausephilipp und dem Boss auf. Die Schüler sollen über die An-

gemessenheit der Bestrafung nachdenken und diskutieren. In diesem Zusammenhang soll deutlich werden, dass der Boss seine Bestrafungen zur Einschüchterung und Abschreckung einsetzt.

**Lösung**

*Aufgabe 1:*

Schienen, Wagen, Strom,
Schalter, Signal, Knöpfe, Kabel

*Aufgabe 2:*

Seite 82/83: Mausephilipp lacht Willibald aus.
Er wird ausgeschimpft und muss zur Strafe den Eisenbahnwagen mit anschieben.
Seite 86: Mausephilipp hat keine Lust, Willibald beim Aussteigen zu helfen.
Daraufhin wird er blutig geschlagen.

**Weiterführende Anregung**

Auf die Rückseite einer alten Tapetenrolle können die Kinder gemeinsam eine Eisenbahnanlage malen mit Schienen, Häusern, Landschaften usw. Vielleicht besitzen einige Schüler auch noch eine alte (nicht elektrische) Eisenbahn zum Schieben, die zum Spielen verwendet werden kann.

KV Seite 34

**Weggehen oder bleiben?**

Eine Pro-und-Kontra-Diskussion soll mithilfe dieses Arbeitsblattes angebahnt und durchgeführt werden. Zunächst sammeln die Schüler Argumente für und gegen das Verlassen des Rudels. Anschließend formulieren sie auf dem Blatt ihre eigene Meinung. Lassen Sie die Kinder den Mausekopf anmalen und die Vorlage ausschneiden. Die Schüler kleben diese – angepasst an ihre Fingergröße – zusammen. Dann tragen sie ihre Meinung mit den Fingerpuppen vor (Ergebnissicherung). Hierbei wird ihnen deutlich, dass es nicht nur auf die Anzahl der Argumente ankommt, sondern auch auf deren Gewichtung. So kann ein einziges schwerwiegendes Argument mehrere andere ausgleichen.

**Beispiellösung**

*Aufgabe 1:*

| Darum sollte Lillimaus fortgehen | Darum sollte Lillimaus bleiben |
|---|---|
| • Sie wird angefeindet, weil sie ein Albino ist.<br>• Sie wurde in die Bibliothek verbannt.<br>• In der Bibliothek gibt es nicht genug Futter für sie, sie muss hungern.<br>• Sie ist in dem Haus allein und verlassen.<br>• Sie wird vom Boss und seinen Getreuen beschimpft. | • Sie ist hier zu Hause.<br>• Sie kennt jeden Winkel und jedes Schlupfloch in dem Haus.<br>• Sie hat Freunde hier.<br>• Sie mag den Mausephilipp sehr.<br>• In der Bibliothek gibt es viele Bücher zum Lesen. |

## Der Turmbau
12. bis 15. Kapitel (Seite 94 bis 142)

### Inhalt

Das neue Spielzeug der Mäuse sind Bauklötze. Mit den Klötzen soll ein Turm bis zum „Wurst- und Schinkenhimmel“ errichtet werden. Um diesen Plan zu feiern, dürfen alle Mäuse in die Speisekammer. Dort entdecken sie eine Dose mit braunem Pulver. Lillimaus erklärt, dass es sich um Schnupftabak handelt. Sofort nehmen alle eine kräftige Prise, worauf sie heftig niesen müssen.

Lillimaus liest den anderen Mäusen Geschichten von Tyrannen vor. Als der Boss die mächtige Wirkung der Geschichten erkennt, hält er eine flammende Rede an sein Mäusevolk. Darin erklärt er Lillimaus zur Verräterin und verbietet das Vorlesen und Zuhören.

Nacht für Nacht bauen die Mäuse an dem Turm, aber bis zum Himmel kommen sie nicht. Um Zeit zu gewinnen, soll die Uhr angehalten werden. Die Mäuse bringen das Uhrpendel zum Stillstand und bauen an ihrem Turm. Dabei bemerken sie nicht, dass der Morgen naht. Gerade als der letzte Klotz nach oben gebracht wird, ist die Köchin zu hören. Die Mäuse erschrecken, der Turm stürzt ein und drei Mäuse werden getötet. Dem Mausephilipp, der vor dem Anhalten der Uhr gewarnt hat, wird die Schuld für das Scheitern des Plans gegeben. Seine Fürsprecher werden eingeschüchtert. Der Boss lässt den Mausephilipp in den Garten werfen. Lillimaus macht sich Vorwürfe, weil sie Mausephilipp nicht verteidigt hat, obwohl sie ihn liebt.

## Gesprächsanlass

„Die Technik und der Fortschritt, die öffnen uns den Himmel." So heißt es im 12. Kapitel. Wie ist das gemeint?

- Ist die Erfüllung aller Wünsche tatsächlich durch Technik und Fortschritt möglich?
- Stecken darin auch Gefahren und Nachteile?
- Woran denken die Mäuse, wenn sie vom „Himmel" sprechen?
- Stellen wir uns dasselbe oder etwas anderes darunter vor?
- Wie können wir unseren persönlichen „Himmel" erreichen?

## Hinweise zu den Kopiervorlagen

KV Seite 35

### Der Turm

Dieses Arbeitsblatt bietet einen kreativen Zugang zum Inhalt des Kapitels. Mit den vorgegebenen Bauklötzen sollen die Kinder einen Turm „bauen" und aufkleben. Natürlich wird das Ganze erst dann richtig spannend, wenn die einzelnen Vorschläge mit echten (ähnlichen) Bauklötzen nachgebaut werden, die die Kinder von zu Hause mitbringen. Hierbei zeigt sich, welche Ideen statisch geeignet sind und welche nicht. Somit ist auch eine technisch-praktische Komponente enthalten.

KV Seite 36

### Der Turmbau zu Babel

Der Turm, den die Mäuse bis in den Himmel bauen wollen, erinnert an die Geschichte vom „Turmbau zu Babel" aus der Bibel (Genesis 11, 1–9), die auf diesem Blatt zusammengefasst wird. Ausgehend von diesem Text lassen sich Parallelen zum Turmbau der Mäuse finden. Zudem vermuten womöglich bereits einige Kinder, dass die Sache für das Rudel nicht gut ausgehen wird.

**Lösung**

*Aufgabe 1:*

z. B. Damit sind die aufgehängten Würste gemeint, die in der Küche von der Decke baumeln. Außerdem assoziieren die Mäuse damit, genug zu fressen zu haben und ein Leben in Sicherheit und ohne Angst.

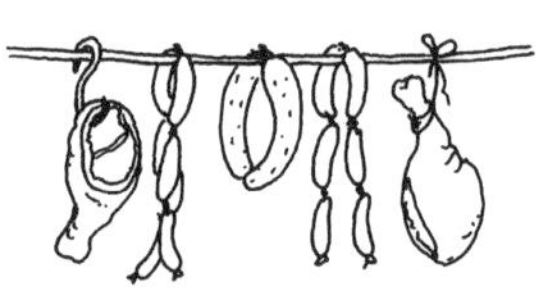

*Aufgabe 3:*

1. Alle anderen Menschen sollten durch diesen Turm beeindruckt werden.
2. „Hochmütig" bedeutet, dass man sich selbst überschätzt und glaubt, alles zu können.

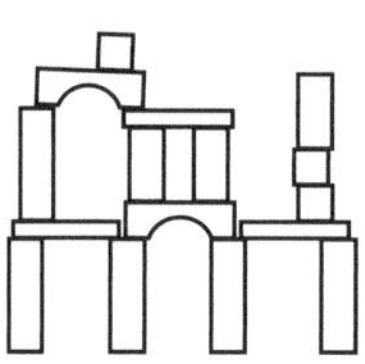

KV Seite 37

### Mausephilipp wird zur Nichtmaus

Für den Mausephilipp wird es im 12. Kapitel ziemlich brenzlig, was auf diesem Arbeitsblatt aufgegriffen wird. Das Streitgespräch und seine Folgen sind hier auf Textstreifen zusammengefasst, die die Schüler in die richtige Reihenfolge bringen sollen. Je nach Leistungsstand können sie diese Aufgabe in Einzel-, Partner- oder Gruppenarbeit erledigen.

**Lösung**

| Lillimaus verliebte sich in den Mausephilipp, weil er – obwohl er Angst hatte – das tat, was getan werden musste. |
|---|
| Der Mausephilipp kletterte auf einen Stuhl. |
| Von dort aus rief er: „Was stellt ihr euch eigentlich unter Himmel vor?" |
| „Genug zu fressen, Sicherheit, ohne Angst. Das ist der Himmel!", entgegnete der Mäusejosef und befahl dem Mausephilipp still zu sein. |
| Ärgerlich fielen die Mäuse über den Mausephilipp her, sie schlugen und zausten ihn. |
| „Du machst unsere kühnsten Pläne schlecht!", schimpften die Mäuse. |
| Die dicke Hermannmaus meinte, der Mausephilipp gehöre gar nicht mehr zum Rudel. |
| Er nannte den Mausephilipp „Nichtmaus". Da wendeten sich alle Mäuse von ihm ab. |
| Zur Feier des Tages gab der Boss Willibald die Speisekammer frei. |
| Alle durften sich dort satt essen – bis auf Lillimaus und Mausephilipp. |

**Weiterführende Anregung**

Was ist an den Worten des Mausephilipp denn so schlimm, dass alle über ihn herfallen und er am Ende sogar zur „Nichtmaus" erklärt wird? Er möchte die Vorstellungskraft und die Fantasie der Mäuse anregen. Diskutieren Sie mit der Klasse darüber, warum die Herrschenden dies als Gefahr sehen.

KV Seite 38

### Schnupftabak

Der Begriff „Schnupftabak" ist vielen Kindern wahrscheinlich nicht vertraut. Daher bietet es sich an, eine echte Schnupftabakdose oder zumindest ein Bild davon mit in den Unterricht zu bringen. Der Lückentext enthält eine Differenzierungsmöglichkeit, da die Schüler mit oder ohne Hilfe der Lösungswörter arbeiten können.

**Lösung**
*Aufgabe 2:*
Die Mäuse hatten in der Vorratskammer eine seltsame Blechschachtel entdeckt. Sie riefen Lillimaus, damit sie ihnen vorlesen konnte, worum es sich handelt. Lillimaus erklärte den anderen Mäusen, was Schnupftabak ist und wie man ihn benutzt. Willibald forderte alle auf, eine kräftige Prise zu nehmen, um den Kopf frei zu bekommen. Als jeder von dem Schnupftabak probiert hatte, mussten alle plötzlich ganz fürchterlich niesen. Bei dem Mäuseadalbert sorgte der Schnupftabak dafür, dass er eine besonders gute Idee hatte.

KV Seite 39

**Zeit zum Turmbau**
Dieses Arbeitsblatt setzt sich nicht nur mit dem Inhalt des Kapitels auseinander, sondern auch mit philosophischen Fragen rund um das Thema „Zeit“. Die Formulierung „Die Zeit bleibt stehen“ können die Schüler sicher mit Beispielen aus ihrer Lebenswelt konkretisieren. Auch soll ihnen bewusst werden, dass in bestimmten Situationen die Zeit (gefühlt) schnell oder langsam vergeht.

**Lösung**
*Aufgabe 1:*
In der vierten Nacht erreicht der Turm die Tischkante.
In der achten Nacht bauen sie bis zur Lampenhöhe.

*Aufgabe 2:*
3. Lillimaus will damit sagen, dass die Zeit unaufhörlich vergeht, egal ob man sie mit einer Uhr misst oder nicht.

KV Seite 40

**Die Vorleserin**
Weisen Sie die Kinder bei der ersten Aufgabe darauf hin, dass einige Bücher verschiedenen Kategorien zugeordnet werden können und daher teilweise mehrere Lösungen richtig sind. Falls die Klasse noch keine oder nur wenige Erfahrungen mit Bibliotheken hat, kann diese Systematisierung für die spätere eigene Bücherausleihe hilfreich sein.
Welche Kategorien kennen die Schüler noch? Die Beschäftigung mit den Lesevorlieben ist nicht nur für die Kinder interessant, auch Sie bekommen auf diese Weise einen guten Einblick.

**Lösung**
*Aufgabe 1:*
Der geheimnisvolle Koffer: Abenteuer oder Krimi
Gefahr für Tobi und Tina: Abenteuer oder Krimi
Pippi Langstrumpf: Abenteuer
Mein Pony Leila: Tiergeschichte
Dornröschen: Märchen
Rapunzel: Märchen
Das magische Baumhaus: Abenteuer
Mord im Hühnerstall: Krimi
Wale und Delfine: Sachbuch
Das alte Rom: Sachbuch
Elektrizität: Sachbuch
Im Zoo: Sachbuch

*Aufgabe 3:*
1. Beim Geschichtenlesen vergisst man die Zeit.
2. Man kann tief in Gedanken versinken.
3. Geschichtenlesen kann verzaubern.

KV Seite 41–43

**Der Tyrann / Alleinherrscher**
Hier stehen drei Arbeitsblätter in engem Zusammenhang. Auf der ersten Seite wird zunächst der Begriff „Tyrann“ erklärt. Dies geschieht ganz klassisch mit einem Infotext und dazugehörigen Fragen, die zu beantworten sind. Weitaus offener können Sie mit den folgenden beiden Seiten 42 und 43 arbeiten. Die Schüler bereiten in Einzel-, Partner- oder Gruppenarbeit nicht nur einen vorgegebenen Text auf und präsentieren ihn, sondern sollen auch möglichst andere Informationsquellen einbeziehen. Diskutieren Sie abschließend im Rückgriff auf die erste Seite die Frage, welche der vorgestellten Personen man als Tyrannen bezeichnen kann.

**Lösung Seite 41**
*Aufgabe 2:*
1. Ein Tyrann ist ein Alleinherrscher, der sich oft nicht an Gesetze hält.
2. Weil sie das Gefühl hatten, dass der Alleinherrscher sich auch um ihr Wohl kümmerte.
3. Wenn sie bemerkten, dass der Alleinherrscher nur auf seinen Vorteil aus war.

KV Seite 44

**Die Uhr steht still**
Auf diesem Arbeitsblatt werden drei verschiedene Themen angesprochen: Zunächst wird die Absurdität behandelt, dass die Mäuse dachten, mit dem Anhalten der Uhr würde die Zeit stillstehen. Dann sollen sich die Schüler im Moment des Turmeinsturzes in die Mäuse hineinversetzten und deren Gedanken und Ausrufe formulieren. Am Ende kommt die psychologische Seite ins Spiel,

indem sich die Klasse mit den Anschuldigungen gegenüber Lillimaus und Mausephilipp auseinandersetzt.

**Beispiellösung**
*Aufgabe 1:*
Die Mäuse haben zwar die Uhr angehalten, aber die Zeit läuft natürlich trotzdem weiter. Darum erscheint die Köchin zur gewohnten Zeit in der Küche.

KV Seite 45

**Lillimaus trauert**
Mit dem Verstoßen des Mausephilipp erreicht die Brutalität in diesem Buch ihren Höhepunkt. In Lillimaus' Trauer mischen sich Schuldgefühle, die auf diesem Arbeitsblatt näher betrachtet werden sollen. Aus eigener Erfahrung können die Kinder Beispiele beisteuern, wann und warum sie jemandem geholfen oder nicht geholfen haben. Auch mit der Trauer über den Verlust eines guten Freundes können sich die Schüler vielleicht identifizieren.

**Weiterführende Anregung**
„Zivilcourage" ist etwas, das Politiker dieser Tage immer wieder fordern. In der Theorie ist es leicht, von den Bürgern zu erwarten, dass sie bei Unrecht nicht wegsehen, sondern beherzt eingreifen. Es gibt aber auch immer wieder Beispiele, in denen das selbstlose Eingreifen für den Helfer zum Verhängnis wurde. Wichtig sind daher bei der unterrichtlichen Aufarbeitung zwei Dinge: Einerseits sollen die Kinder sensibilisiert werden für Unrecht, das direkt vor ihren Augen geschieht, z. B. auf dem Pausenhof oder im Klassenraum. Andererseits müssen sie lernen abzuwägen, ob sie sich durch eigenes Eingreifen selbst in Gefahr bringen. In solchen Fällen sollten sie lieber Erwachsene zu Hilfe holen.

**Rückkehr zur alten Ordnung**
16. bis 18. Kapitel (Seite 143 bis 168)

## Inhalt

Lillimaus liest wieder vor und findet auch Zuhörer. Sie erzählt die Geschichte von Wilhelm Tell und vergleicht ihren eigenen Boss mit dem Tyrannen. Das Rudel wird nachdenklich, Willibald kann es mit einer Rede nicht mehr erreichen.

Als der Duft von gebratenem Speck die Mäuseschar in die Küche lockt, ist die Vorfreude groß. Willibald ordnet an, dass sich die Mäuse in einer Reihe aufstellen, um nach ihm von dem Leckerbissen zu kosten. Karlemaus begehrt auf. Daraufhin wird ihm der Vortritt gewährt, um eine Unruhe im Rudel zu vermeiden. Lillimaus liest, dass es sich um eine Mausefalle handelt. Sie warnt die Mäuse. Willibald ist verärgert und streift aus Versehen mit seinem Schwanz über den Speck. Sofort schnappt die Falle zu, dabei wird ihm die Hälfte seines Schwanzes abgetrennt. Mit dem Schwanzstummel wirkt Willibald plötzlich lächerlich, seine Autorität ist dahin.

Lillimaus wird wegen ihrer Klugheit zum neuen Boss auserkoren, aber sie lehnt dies ab. Vielmehr schlägt sie vor, die alte Ordnung wiederherzustellen. Die Mäuse wählen einen Präsidenten. So kehrt in das große Haus wieder Ruhe und Frieden ein.

## Gesprächsanlass

Die Mäuse haben beschlossen, zur Demokratie zurückzukehren.

- Warum hat Lillimaus nicht die Gelegenheit genutzt, sich an die Spitze des Rudels zu stellen?
- Hat sie nicht allen Grund, Rache zu üben?
- Was hat sie davon abgehalten?

Vielleicht können die Kinder eigene Erlebnisse beisteuern, in denen die Versuchung, sich zu rächen, groß war.

## Hinweise zu den Kopiervorlagen

KV Seite 46

**Wilhelm Tell**
Der Vergleich zwischen dem Landvogt in „Wilhelm Tell" und dem Boss im Mäuserudel stellt noch einmal die besondere Willkür und Brutalität heraus, mit der Willibald herrscht. Dies geschieht durch die Gegenüberstellung in der Tabelle. Dass die Erkenntnis, zu der Lillimaus die anderen Mäuse führt, eine Bedrohung für das System darstellt, sollen die Schüler bei der zweiten Aufgabe mit eigenen Worten formulieren.

**Beispiellösung**
*Aufgabe 1:*

| In der Wilhelm-Tell-Geschichte | Im Mäuserudel |
|---|---|
| Der Landvogt hatte das Volk arg gequält und bedrängt. | Lillimaus wurde ausgegrenzt, Mausephilipp wurde gequält. |

| Er selbst arbeitete nicht. Das Volk hingegen ließ er schwer arbeiten. | Die Mäuse mussten Erbsen streuen und einsammeln, Wagen schieben, der Boss tat nichts. |
|---|---|
| Er allein bestimmte, was Recht war. | Willibald ließ sich beraten, entschied aber alles allein. |
| Er machte harte Gesetze. | Willibald bestimmte, was getan wurde. |
| Viel Böses dachte er sich aus, um die Menschen in den Staub zu treten. | Besonders zu Lillimaus und Mausephilipp war der Boss sehr gemein. |

*Aufgabe 2:*
Der Mäusejosef befürchtet, dass sich die Mäuse ein Beispiel an der Wilhelm-Tell-Geschichte nehmen, und ebenfalls gewaltsam gegen ihren Boss vorgehen.

KV Seite 47

**Die Mausefalle**
Da die Schüler die verschiedenen Charaktere des Buches inzwischen intensiv kennen, sollen sie hier nun unterschiedliche Reaktionen auf Willibalds Missgeschick formulieren (z. B. mitleidig, schadenfroh). Sollte den Kindern nicht ganz klar sein, wer auf wessen Seite steht, können Sie dies vor der Bearbeitung des Blattes in einer Tabelle an der Tafel visualisieren.

**Beispiellösung**
*Aufgabe 2:*

Willibald

Mäusejosef

Karlemaus

Lillimaus

KV Seite 48

**Ohne Boss**
In diesem Kapitel entscheidet es sich, in welche Richtung das Leben künftig für die Mäuse gehen wird: Lernen sie aus der Vergangenheit oder begehen sie den gleichen Fehler noch einmal? Daher setzen sich die Schüler durch das Sortieren der Textstreifen noch einmal sehr intensiv und textnah mit dem Inhalt auseinander.

**Lösung**

| 4 | Sie lud alle anderen Mäuse ein, es ihr nachzutun, denn eine Falle, die bereits zugeschnappt ist, richtet keinen Schaden mehr an. | S |
|---|---|---|
| 10 | So wurde im Mäuserudel die Mitbestimmung wieder eingeführt und es wurde von da an wieder schön in dem großen Haus. | L |
| 6 | „Wo steckt eigentlich Willibald?", fragte Karlemaus plötzlich. | R |
| 9 | Die anderen Mäuse waren begeistert, doch Lillimaus lehnte ab. Sie war der Meinung, dass sie überhaupt keinen Boss mehr benötigten. | E |
| 1 | Die Mäuse mussten so sehr lachen, dass ihnen die Tränen kamen. „Die Katz!", schrie der Mäusejosef, aber niemand hörte mehr auf ihn. | M |
| 7 | Willibald hielt sich versteckt. Darum wollte die dicke Hermannmaus jetzt der neue Boss sein. | U |
| 2 | „Dass mir keiner mehr die Falle berührt!", rief Karlemaus. | Ä |
| 5 | Da wurden auch die anderen mutig und nippten von dem Speck. | E |
| 8 | Karlemaus schlug hingegen vor, dass Lillimaus der neue Boss werden sollte, da sie als Einzige lesen konnte. | D |
| 3 | Doch Lillimaus schritt vorsichtig auf die Falle zu und biss ein kleines Stück von dem Speck ab. | U |

Das Lösungswort lautet: MÄUSERUDEL.

KV Seite 49

**Ende gut, alles gut?**
Lillimaus' Beweggründe (siehe „Gesprächsanlass") sollen hier von den Schülern selbstständig in Worte gefasst werden. Anschließend geht es um die Rückkehr zur Normalität im Rudel. Schließlich sollen die Kinder sich nochmals in Lillimaus hineinversetzen, indem sie ihre Sehnsüchte künstlerisch und sprachlich darstellen.

**Beispiellösung**
*Aufgabe 1:*
1. Lillimaus hat verstanden, dass es gefährlich ist, wenn eine Maus allein das Sagen hat.
2. Nun können die Mäuse wieder beraten und gemeinsam Entscheidungen treffen. Sie können auch wieder in der Bibliothek ihre Späße treiben, der Köchin beim Geschichtenerzählen zuhören und über den Globus laufen.

3. Wer die Katze als Erstes sieht (falls überhaupt eine existiert), der ruft laut „Mäusefresser“ und alle huschen schnell in ihre Mauselöcher.

## Nach der Lektüre

### Hinweise zu den Kopiervorlagen

KV Seite 50

**Buchbesprechung**

Die Buchbesprechung bildet einen reflektierten Abschluss der Lektürearbeit. Die Kinder machen sich selbst noch einmal rückblickend Gedanken zum Inhalt des Buches, tauschen sich untereinander aus und geben auch Ihnen auf diese Weise ein interessantes Feedback.

KV Seite 51

**Willibald-Kartenspiel**

Das Quiz ist für den Abschluss und die Reflexion der Lektüre geeignet. Nach dem für einige Kinder sicherlich anstrengenden Durcharbeiten der Ganzschrift kommt hier ein spielerisches Element hinzu, bei dem dennoch eine Auseinandersetzung mit dem Inhalt stattfindet. Natürlich haben Schüler, die sich alles gut gemerkt haben, einen Vorteil. Da jedoch kein Inhalt wörtlich wiedergegeben werden muss, sondern lediglich eine Richtig-oder-falsch-Entscheidung getroffen wird, haben auch leistungsschwächere Kinder gute Gewinnchancen.

Kopieren Sie – wenn möglich – die Spielkarten vergrößert, damit die Schüler sie leichter in der Hand halten können. Zur besseren Haltbarkeit können Sie die Karten auf Karton kleben oder laminieren. Reduzieren Sie die Anzahl der Karten, wenn nur zwei Kinder miteinander spielen, um die Spielzeit zu begrenzen. Alternativ beenden Sie das Spiel nach einer vorgegebenen Zeit. Wer die meisten Karten hat, ist Sieger.

KV Seite 52

**Willibald-Stiftehalter**

Die Bastelarbeit können die Schüler parallel zur Lektürearbeit oder am Ende anfertigen. Anstatt die Vorlagen auf Tonpapier zu übertragen, können die Kinder sie mit Buntstiften anmalen. Durch die Stiftehalter wird das Thema auch im Klassenraum sichtbar und begleitet die Kinder über die Lektüre hinaus.

KV Seite 53

**Mäusemaske**

Mit den Mäusemasken können die Schüler Szenen aus dem Buch nachspielen oder umgestalten. Auch eigene kleine Mäusedialoge lassen sich damit inszenieren.

KV Seite 54–56

**Infoseiten „Diktatur“/„Demokratie“/„Nationalsozialismus“**

Mit diesen drei Lernspiralen, bestehend aus aufeinander aufbauender Einzel-, Partner- und Gruppenarbeit, können Sie die politischen Inhalte des Buches vertiefen. Die Arbeitsmöglichkeiten sind hierbei vielfältig:

- Die Schüler bearbeiten sie während der Lektüre oder im Anschluss.
- Alle Kinder bearbeiten dasselbe Thema oder jede Gruppe wählt selbstständig eines der drei Themen aus.
- Die Gruppen werden zufällig, nach Leistungsstand oder nach Interessen zusammengesetzt.
- Die Plakate werden der Klassengemeinschaft, den Eltern oder der ganzen Schule vorgestellt.
- Die Präsentation der Plakate erfolgt durch eine Vorstellung der Ergebnisse oder durch einen „Museumsrundgang“.

Geben Sie den Schülern den Hinweis, dass sie sich beim Herausfiltern der fünf wichtigsten Informationen an den Abschnitten im Text orientieren können. Alternativ beschriften die Kinder weniger Finger oder schreiben weitere ihnen wichtig erscheinende Informationen auf den Handteller.

## Literatur und Internet

### Bücher/Materialien

- Industrieverband Heimtierbedarf (IVH) e. V.: Faszination Kleintiere – Arbeitsmaterial für den Sachunterricht Klasse 2–4. Als Download unter: *www.ivh-online.de/de/home/schulmaterial/kleintiere.html*
- Frattini, Stéphane. Die Maus. Aus der Reihe: Meine große Tierbibliothek, Esslinger-Verlag 2010.
- Fischer-Nagel, Heiderose und Andreas. Blick durchs Mauseloch. Verlag Heiderose Fischer-Nagel 2006.

### Internet

- *www.mausopolis.de*
- *www.hamsterkiste.de*
- *www.mensch-heimtier.de*
- *www.geo.de/GEOlino*
- *www.hanisauland.de*
- *www.helles-koepfchen.de*
- *www.fragfinn.de*

Name:

lesen schreiben forschen rätseln **malen** **basteln** sprechen

# Willibald-Lesezeichen

Bastle ein Willibald-Lesezeichen.

- Male beide Lesezeichen-Teile an.
- Schreibe deinen Namen auf die Linie.
- Schneide das Lesezeichen an der gestrichelten Linie aus und klebe die beiden Hälften zusammen.

✂

**Mein Lesezeichen**

______________________

**Der überaus starke Willibald**

Name:

lesen | schreiben | forschen | rätseln | malen | basteln | sprechen

# Die Mäuse suchen ihr Futter

**Wie leben die Mäuse in dem großen grauen Haus? Wo finden sie ihr Futter?**

- Trage die Namen der Zimmer in den Grundriss ein:

Wohnzimmer | Küche | Esszimmer | Speisekammer | Bibliothek

- Lies im 1. Kapitel nach, welche Köstlichkeiten die Mäuse in den einzelnen Räumen finden.
- Schneide die Wortkärtchen unten auf der Seite aus und klebe sie in die richtigen Räume des Hauses.
- Male anschließend die fressenden Mäuse dazu.

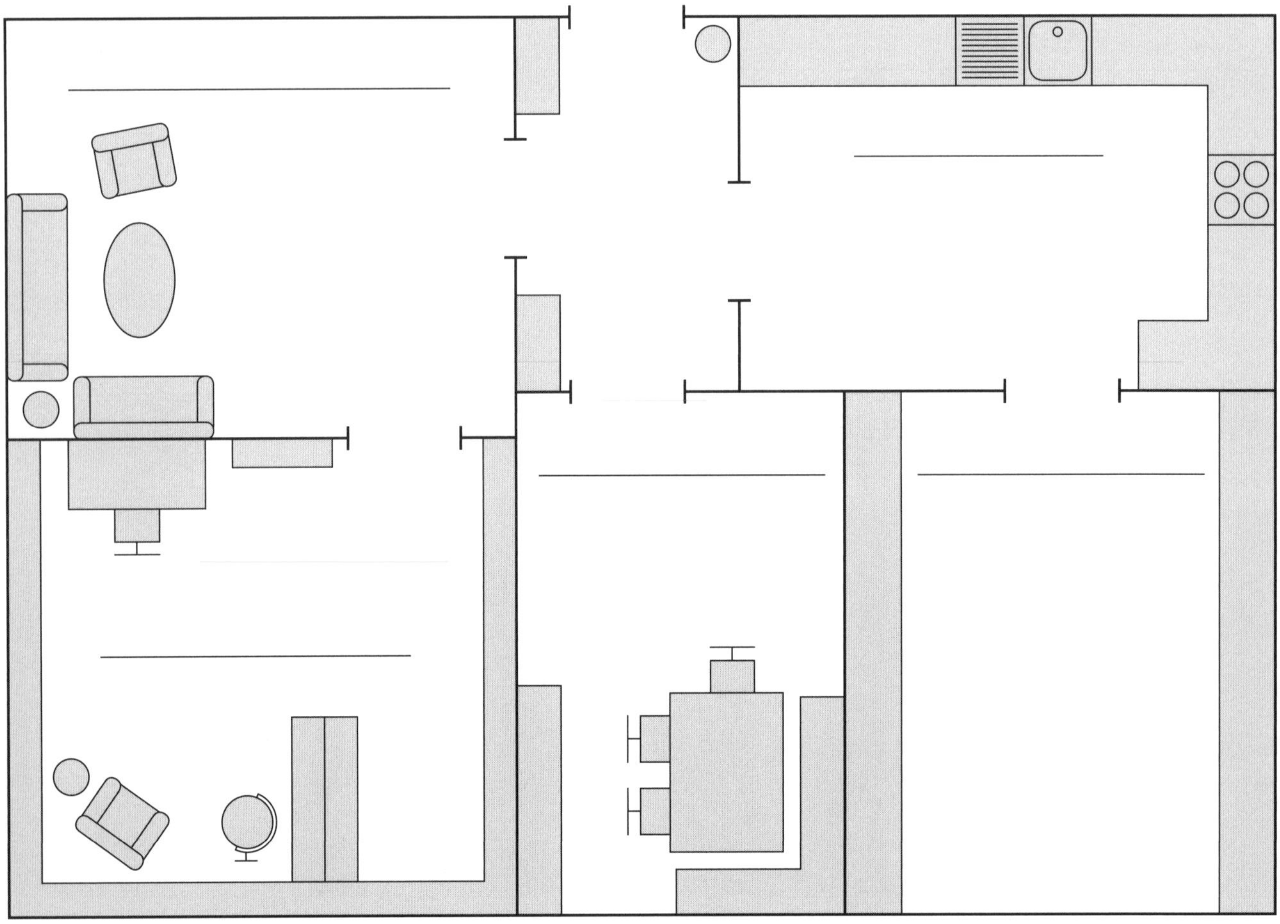

✂

| Schokolade | Speck | Käserinde | Erdnüsse | Würste | Hartwurst |
|---|---|---|---|---|---|
| Butter | Krumen | Marmelade | Schinken | Pralinen | Reste |

 

Name:

# Wissenswertes über Mäuse

**Lies den Text über Mäuse.**

Mäuse sind Nagetiere. Speziell die Hausmaus kommt in fast allen Ländern der Welt vor und lebt gern mit Menschen zusammen. Sie erreicht eine Länge von 7 bis 11 cm und hat eine Schwanzlänge von 7 bis 10 cm. Kleine Tiere wiegen etwa 20 bis 25 g, größere Exemplare können 45 bis 60 g schwer werden.

Die ältesten Knochenfunde von Hausmäusen stammen aus der Zeit um 10 000 vor Christus.

Die Hausmaus ist meist nachtaktiv. Tagsüber verlässt sie ihr Versteck nur dann, wenn sie sich absolut sicher fühlt. Untereinander verständigen sich Mäuse einerseits durch Gerüche, andererseits durch Ultraschalllaute.

Zu ihren natürlichen Feinden zählen im Haus und in der näheren Umgebung besonders Hauskatzen, Ratten und Marder. In freier Natur werden Hausmäuse von vielen Greifvogel- und Eulenarten gefressen, aber auch von Säugetieren wie zum Beispiel vom Fuchs.

**Fülle den Steckbrief aus.**

Bezeichnung des Tieres: ____________________

Gattung: ____________________

Länge: ____________________ Schwanzlänge: ____________________

Gewicht: ____________________

Verständigung: ____________________

Feinde im Haus und in der Umgebung: ____________________

Feinde in freier Natur: ____________________

**Mäuse sind mit sechs Sinnen ausgestattet. Verbinde.**

Tasten •

Riechen •

Schmecken •

• Hören

• Gleichgewicht

• Sehen

Name: ____________________

**lesen** **schreiben** forschen rätseln malen basteln sprechen

# Präsident oder Boss?

Beantworte die Fragen.

Tipp: Lies im 2. Kapitel (Seite 15–22) nach!

1. Lillimaus wird zur Außenseiterin erklärt. Warum? ____________________

   ____________________

   Wie findest du das? Begründe! ____________________

   ____________________

   ____________________

2. Einige Mäuse sind mit dem Präsidenten nicht zufrieden. Finde mindestens zwei Textstellen und schreibe mit eigenen Worten auf, was den Mäusen nicht gefällt.

   Den Mäusen gefällt nicht, dass ____________________

   ____________________ (Seite ______).

   Den Mäusen gefällt nicht, dass ____________________

   ____________________ (Seite ______).

3. Welche Vorteile hat es, wenn die Mäuse einen Boss haben? ____________________

   ____________________

   ____________________

4. Warum wird ausgerechnet Willibald der Boss? ____________________

   ____________________

5. Welche Versprechungen macht Willibald? ____________________

   ____________________

6. Lillimaus war bei der ganzen Sache nicht ganz wohl. Verstehst du das? Begründe!

   ____________________

   ____________________

 

Name:

lesen schreiben forschen rätseln malen basteln sprechen

# Mäusenamen

Finde alle Mäusenamen, die im 2. Kapitel (Seite 15–22) vorkommen, und trage sie in Großbuchstaben in das Kreuzworträtsel ein.

Wähle drei Mäuse aus und schreibe ihre Namen auf. Welche Eigenschaften haben die Tiere, z. B. klug, mutig, ängstlich, stark?

Name:

lesen schreiben forschen rätseln malen basteln sprechen

# Veränderungen

Willibald führt sehr schnell einige Veränderungen im Rudel ein.

Finde drei Neuerungen, die der Boss anordnet. Schreibe sie in Stichworten auf und notiere jeweils die Seitenzahl.

Tipp: Lies im 3. Kapitel (Seite 23 – 28) nach!

| Veränderung: | Seitenzahl: |
| --- | --- |
| ____________________ | ________ |
| ____________________ | ________ |
| ____________________ | ________ |

Wie reagiert Willibald, als einige Mäuse keine Lust mehr haben zu marschieren?

____________________________________________

Viele Dinge, die Willibald einführt, erinnern an das Militär. Nenne drei Beispiele.

Tipp: Sieh dir dazu auch das Bild auf Seite 25 an!

____________________________________________

____________________________________________

Warum lassen sich die Mäuse das wohl gefallen? Tauscht euch darüber in der Klasse aus.

Was hältst du von Willibalds Veränderungen? Kreuze an und begründe deine Meinung. Vergleicht anschließend eure Ergebnisse.

☐ Ich finde sie gut, weil ____________________

☐ Ich finde sie nicht gut, weil ____________________

 

Name:

lesen · schreiben · forschen · rätseln · malen · basteln · sprechen

# Verbote

Nach drei Monaten verbietet Willibald einige Dinge. Male drei Beispiele in die Verbotsschilder.

Tipp: Lies im 4. Kapitel (Seite 29–36) nach!

Was haltet ihr von diesen Verboten? Sind die sinnvoll? Sprecht in der Klasse darüber.

Der Boss hält eines Nachts eine Rede und erklärt den Mäusen, wo sie in Zukunft fressen und sich aufhalten dürfen. Verbinde die Mäusenamen mit den Räumen.

| | |
|---|---|
| Herrenzimmer • | • Mäuseminna und Mäusepitt |
| blauer Salon • | • Mausehugo und Paulamaus |
| Vorratskammer • | • Mausikarin |
| Bibliothek • | • Mausemimi |
| Küche • | • Mauseerna |
| Büro • | • Mäuseemil |
| Kinderzimmer • | • Mausephilipp |
| Wohnzimmer • | • Mauseberta |
| Abstellkammer • | • Mausegeorg |
| Vorratskeller • | • Mäusefriederike und Karlemaus |
| Speisezimmer • | • Lillimaus |
| Waschküche • | • Mäusejosef, Hermannmaus, Willibald |

Name: ______



# In der Bibliothek

Lillimaus wird von Willibald in die Bibliothek verbannt. Führt Partnerinterviews zum Thema „Bibliothek“ (= „Bücherei“) durch.

1. Warst du schon einmal in einer Bibliothek?

   ☐ Ja. Wann und wo war das? ______

   ☐ Nein. → Mach weiter mit Frage 4.

2. Welche Arten von Büchern gibt es dort? ______

3. Welche Dinge findet man noch in einer Bibliothek? ______

4. Welche Arten von Büchern liest du gern? ______

5. Hast du zurzeit ein Lieblingsbuch? Wie heißt es? ______

6. Was gefällt dir an diesem Buch besonders? ______

7. Versuche zu beschreiben, was das Tolle am Lesen ist. ______

8. Lillimaus wohnt nun in der Bibliothek. Gib ihr einen Beschäftigungstipp.

 

Name:

lesen schreiben forschen rätseln malen basteln sprechen

# Lillimaus und Mausephilipp

Was denkt Lillimaus wohl über ihr neues Leben in der Bibliothek? Was hält Mausephilipp davon? Schreibe auf.

Tipp: Lies auf den Seiten 37 und 38 nach!

Wie würdet ihr euch die Langeweile vertreiben, wenn ihr ganz allein, ohne Besuch in einem einzigen Zimmer wohnen müsstet? Sammelt gemeinsam Ideen.

Kreise die Vorschläge farbig ein, die du am besten findest. Sprecht über eure Ergebnisse in der Klasse.

Wie ist die Situation in der Bibliothek wohl für Lillimaus, die ja nicht lesen kann? Welche Beschäftigung gibt es dort für sie?

Name:

lesen schreiben forschen rätseln malen basteln sprechen

# Katzenabwehr

Die Katze stellt für die Mäuse eine große Gefahr dar. Welche Ideen haben die einzelnen Mäuse, um sich vor ihr zu schützen?

Tipp: Lies auf den Seiten 39 bis 41 nach!

| Name | Idee |
|---|---|
| | |
| | |
| | |

Gibt es noch andere Möglichkeiten, sich vor der Katze zu schützen? Schreibe eine eigene Idee auf.

Am Ende wird Willibalds Vorschlag in die Tat umgesetzt. Welche Vor- und Nachteile hat das Erbsenstreuen?

| (+) Vorteile: | (−) Nachteile: |
|---|---|
| | |
| | |
| | |
| | |
| | |
| | |

Name:

lesen schreiben forschen **rätseln** **malen** **basteln** sprechen

# Märchenrätsel

Die Köchin Lotta erzählt in der Küche Geschichten aus alten Zeiten und Märchen. Wie gut kennst du dich mit Märchen aus?

Male jeweils den Märchentitel und den dazugehörenden Satz mit der gleichen Farbe an. Schneide dann alle Kärtchen aus und klebe die Sätze mit den passenden Überschriften in dein Heft.

✂

| | |
|---|---|
| Frau Holle | Und wie es so stand und gar nichts mehr hatte, fielen auf einmal die Sterne vom Himmel. |
| Die Prinzessin auf der Erbse | „Ich habe auf etwas Hartem gelegen, sodass ich am ganzen Körper braun und blau bin." |
| Der süße Brei | Der König, der sein liebes Kind vor dem Unglück gern bewahren wollte, befahl, dass alle Spindeln im ganzen Königreiche verbrannt werden. |
| Rotkäppchen | „Großmutter, warum hast du so große Augen?" |
| Schneewittchen | „Was rumpelt und pumpelt in meinem Bauch herum?" |
| Der Wolf und die sieben Geißlein | „Heute back ich, morgen brau ich, übermorgen hol ich der Königin ihr Kind." |
| Der Froschkönig | „Königstochter, jüngste, mach mir auf!" |
| Rumpelstilzchen | „Töpfchen, koche!" |
| Dornröschen | „Wer hat von meinem Tellerchen gegessen, wer aus meinem Becherchen getrunken?" |
| Sterntaler | „Kikeriki, unsere goldene Jungfrau ist wieder hie." |

Name:

# Blick in den Garten

Male den Garten und die Katze so, wie sie im Buch beschrieben werden.

Tipp: Lies auf den Seiten 47 bis 49 nach!

Einige Mäuse zweifeln daran, dass im Garten wirklich eine gefährliche Katze lauert. Das gefällt dem Boss Willibald und seinen beiden Helfern Mäusejosef und Hermannmaus gar nicht. Sie beraten darüber, wie man den Blick nach draußen versperren kann.

Welche Vorschläge haben sie? Schreibe mit eigenen Worten auf.

Tipp: Lies auf den Seiten 52 bis 54 nach!

Name:

# Der Vorhang

Willibald ordnet an, dass der schwere Vorhang zugezogen wird, damit die Mäuse nicht mehr in den Garten blicken können. Wie findest du diese Idee?

______________________________________________

______________________________________________

Nur mit vereinter Kraft gelingt es den Mäusen, den Vorhang zu bewegen und am Ende zu schließen. Gibt es noch andere Dinge, die das Mäuserudel gemeinsam erreichen könnte, wenn alle mithelfen?

______________________________________________

______________________________________________

Hast du auch schon einmal erlebt, dass du zusammen mit Freunden etwas erreicht hast, das dir allein niemals gelungen wäre? Nenne ein Beispiel.

______________________________________________

______________________________________________

Schreibe eine kurze Geschichte, in der eure Klassengemeinschaft zusammen etwas Tolles erreicht hat, in dein Heft. Die Geschichte kann erlebt oder erfunden sein und steht unter dem Motto: „Gemeinsam sind wir stark!“

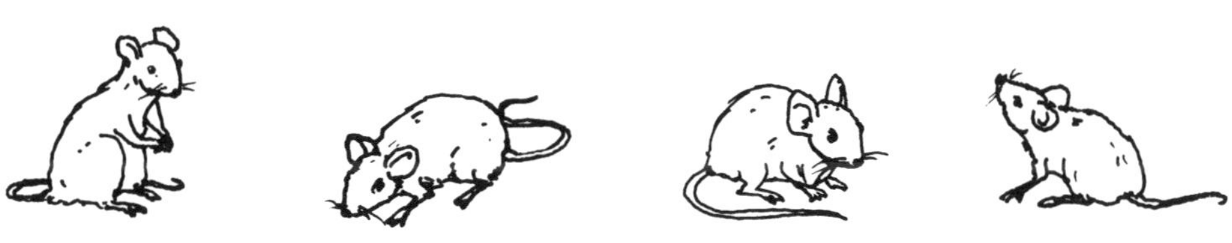

Name:

lesen | schreiben | forschen | rätseln | malen | basteln | sprechen

# Lillimaus lernt lesen

Lillimaus hat sich in der Bibliothek selbst das Lesen beigebracht.

Erkläre mit eigenen Worten, wie sie das geschafft hat.

Eine große Hilfe für Lillimaus war ein Bildwörterbuch zu Anlauten.
Gestalte selbst passende Bilder zu Buchstaben.

- Wähle sechs Buchstaben aus dem Alphabet aus und schreibe sie in die kleinen Kästchen.
- Male dann in die Rahmen passende Bilder zu jedem Anfangsbuchstaben.
- Vergleicht eure Ergebnisse.

Name:

# „Lesen ist wie …“

Vervollständige die Sätze. Kreuze anschließend an, welcher der drei Sätze dir am besten gefällt.

Tipp: Lies auf den Seiten 68 und 69 nach!

☐ 1. „Lesen ist wie fliegen, ______________________________

______________________________

______________________________

______________________________.“

☐ 2. „Lesen, das ist wie segeln, ______________________________

______________________________

______________________________

______________________________.“

☐ 3. „Lesen, ja, das ist wie sehen ______________________________.“

Auf Seite 70 sagt Lillimaus zur Mäusefriederike: „Weißt du, in jeder Geschichte findest du ein Stück von dir selbst. Du lernst dich selbst besser kennen.“

Was meint Lillimaus mit diesem Satz?

______________________________

______________________________

Hast du so eine Erfahrung auch schon einmal gemacht? Was hat sich durch das Lesen bei dir verändert? Erzähle davon.

Name:

**lesen** schreiben forschen rätseln **malen** basteln sprechen

# Geschichte von der hungrigen Mäusefamilie

Lillimaus erzählt der Mäusefriederike die erste Geschichte, die sie in einem Buch selbst gelesen hat.

Verbinde die Satzanfänge mit den passenden Satzenden.

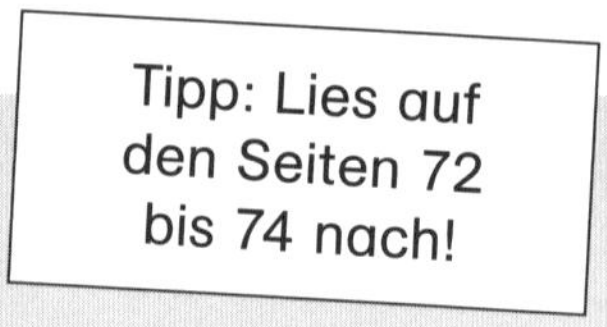


| | |
|---|---|
| Es gab einmal eine sehr arme Mäusefamilie, … | fiepte eine arme Bettelmaus vor der Höhle und bat um etwas zu essen. |
| Eines Tages fand der Mäusemann eine alte Brotkruste … | streckte die Bettelmaus auf einmal ihren Schwanz und streifte ihn über das Brot. |
| Als die Familie gerade anfangen wollte, sich die Kruste zu teilen, … | „Hunger und Armut haben euch nicht hart gemacht.“ |
| Die Mausemutter sagte: … | die wusste vor Hunger nicht ein noch aus. |
| Als sich die Mäusefamilie um die Kruste versammelt hatte, … | sagte die Bettelmaus weiter. |
| Da sprach die Bettelmaus: … | bis ihre Bäuche rund und prall waren, aber die Kruste wurde nie kleiner. |
| „Weil ihr eure Kruste mit mir geteilt habt, so soll sie nie zu Ende gehen!“, … | und schleppte sie in die Höhle zu seiner Familie. |
| Von nun an konnte die Mäusefamilie so lange an der Brotkruste essen, … | „Satt werden wir von der kleinen Kruste ohnehin nicht. Also komm und iss mit uns!“ |

Male die Mäusefamilie, wie sie in der Geschichte beschrieben wird, in dein Heft.

 

Name: ____________________

**lesen** **schreiben** forschen rätseln malen basteln sprechen

# Die elektrische Eisenbahn

Welche Begriffe gehören zur elektrischen Eisenbahn? Kreise sie ein.

Schienen Regal Teppich Wagen Stuhl Globus Strom

Leiter Kissen Schalter Signal Sofa Knöpfe Kabel Leuchter

Mausephilipp handelt sich im 10. Kapitel (Seite 79–87) zweimal Ärger mit dem Boss ein. Was macht er und wie reagiert Willibald darauf?

Seite 82/83:

Mausephilipp ____________________

____________________

____________________.

Er wird ausgeschimpft und muss zur Strafe ____________________

____________________

____________________.

Seite 86:

Mausephilipp hat ____________________

____________________

____________________.

Daraufhin ____________________

____________________

____________________.

Was hältst du von diesen beiden Bestrafungen?

____________________

____________________

____________________

Name:

# Weggehen oder bleiben?

Weil Lillimaus so schlecht behandelt wird, überlegt sie, das Rudel zu verlassen und in ein anderes Haus zu ziehen.

Sammelt in Partnerarbeit Gründe, um fortzugehen, und Gründe, um zu bleiben.

| Darum sollte Lillimaus fortgehen | Darum sollte Lillimaus bleiben |
| --- | --- |
| | |

Was würdest du an ihrer Stelle tun? Begründe deine Entscheidung.

Abends im Mauseloch diskutieren die Mäuse, ob Lillimaus bleiben oder gehen soll. Spielt das Gespräch mit dem Mäuse-Fingertheater nach. Benutzt auch die Argumente, die ihr oben in der Tabelle gesammelt habt.

✂

# Der Turm

Male die Bauklötze bunt an. Schneide sie dann aus und „baue“ damit einen stabilen Turm, der möglichst hoch ist. Klebe ihn anschließend auf.

# Der Turmbau zu Babel

Die Mäuse haben den Plan, einen Turm zu bauen, der „bis in den Himmel“ reicht. Was ist hier mit „Himmel“ gemeint?

Es gibt eine Geschichte über Menschen, die auch schon einmal versucht haben, einen Turm bis zum Himmel zu bauen. Sie steht in der Bibel im Buch Genesis. Lies den Text.

Die Menschen kamen in ein fruchtbares Land, wo sie alles fanden, was sie zum Leben brauchten. Hier wollten sie eine große Stadt bauen und mittendrin einen Turm, der so hoch ist, dass er bis zum Himmel reicht. Sie wollten damit alle anderen Menschen auf der Welt beeindrucken. So begannen sie mit dem Bau. Doch Gott gefiel das nicht. Er sah auf die Stadt und den Turm herab und sprach: „Diese Menschen wollen sich über alle anderen Menschen in der Welt stellen. Sie sind hochmütig.“

Und Gott verwirrte die Sprachen der Leute, sodass keiner mehr verstand, was der andere sagte. Da konnten sie ihre Stadt und ihren Turm nicht mehr weiterbauen. Sie konnten aber auch nicht mehr zusammen leben. Darum verteilten sie sich auf viele verschiedene Länder. Die Stadt, die gebaut werden sollte, hieß Babel.

Bearbeite die Aufgaben zum Text in deinem Heft.

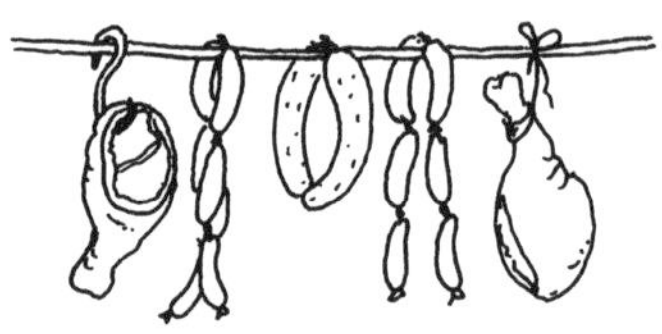

1. Beschreibe mit eigenen Worten, warum die Menschen in Babel unbedingt einen Turm bis zum Himmel bauen wollten.
2. In dem Text heißt es: Gott hält die Menschen für „hochmütig“. Was bedeutet dieses Wort?
3. Gott bestraft die Menschen hart für den Turmbau. Wird der Turmbau in „Der überaus starke Willibald“ für die Mäuse gut oder schlecht ausgehen? Vermute.

Name:

lesen schreiben forschen rätseln malen basteln sprechen

# Mausephilipp wird zur Nichtmaus

Schneide die Satzstreifen aus und bringe sie in die richtige Reihenfolge. Klebe sie in dein Heft.

✂

Lillimaus verliebte sich in den Mausephilipp, weil er – obwohl er Angst hatte – das tat, was getan werden musste.

Ärgerlich fielen die Mäuse über den Mausephilipp her, sie schlugen und zausten ihn.

Von dort aus rief er: „Was stellt ihr euch eigentlich unter Himmel vor?“

Er nannte den Mausephilipp „Nichtmaus“. Da wendeten sich alle Mäuse von ihm ab.

Alle durften sich dort satt essen – bis auf Lillimaus und Mausephilipp.

„Genug zu fressen, Sicherheit, ohne Angst. Das ist der Himmel!“, entgegnete der Mäusejosef und befahl dem Mausephilipp still zu sein.

„Du machst unsere kühnsten Pläne schlecht!“, schimpften die Mäuse.

Der Mausephilipp kletterte auf einen Stuhl.

Zur Feier des Tages gab der Boss Willibald die Speisekammer frei.

Die dicke Hermannmaus meinte, der Mausephilipp gehöre gar nicht mehr zum Rudel.

Name:

# Schnupftabak

Male die niesenden Mäuse rund um die Dose mit Schnupftabak.

Ergänze den Lückentext. Die Wörter unten auf der Seite helfen dir dabei. Wenn du sie nicht benutzen möchtest, dann klappe den Streifen nach hinten.

Tipp: Lies im 13. Kapitel (Seite 107 – 116) nach!

Die Mäuse hatten in der Vorratskammer eine seltsame ____________________ entdeckt. Sie riefen ________________, damit sie ihnen vorlesen konnte, worum es sich handelt. Lillimaus erklärte den anderen Mäusen, was ________________ ist und wie man ihn benutzt. Willibald forderte alle auf, eine kräftige ____________ zu nehmen, um den ____________ frei zu bekommen. Als jeder von dem Schnupftabak probiert hatte, mussten alle plötzlich ganz fürchterlich ________________. Bei dem ____________________ sorgte der Schnupftabak dafür, dass er eine besonders gute Idee hatte.

Schnupftabak | Mäuseadalbert | Lillimaus | niesen

Prise | Blechschachtel | Kopf

 

Name:

lesen | schreiben | forschen | rätseln | malen | basteln | sprechen

# Zeit zum Turmbau

Die Mäuse wollen einen Turm bauen, der bis zum Himmel reicht. Nacht für Nacht arbeiten sie und der Turm wird immer höher, aber wie sehr sich auch alle mühen, er reicht nur bis zur Lampe. Die Zeit ist einfach zu kurz.

Wie hoch bauen die Mäuse den Turm in der vierten Nacht und in der achten Nacht? Zeichne ihn ein.

Tipp: Lies auf Seite 111 nach!

Vierte Nacht

Achte Nacht

Wähle eine Aufgabe aus. Bearbeite sie in deinem Heft.

1. Willibald beschließt, die Zeit anzuhalten, um in Ruhe den Turm fertig bauen zu können. Hast du dir schon einmal gewünscht, die Zeit würde stehen bleiben? Nenne ein Beispiel.

2. Manchmal wünscht man sich auch, die Zeit würde schneller vergehen als in Wirklichkeit. Nenne ein Beispiel.

3. Lillimaus sagt: „Die Uhr macht nicht die Zeit, die Zeit war vor der Uhr da." Was meint sie damit?

Name: 

lesen | schreiben | forschen | rätseln | malen | basteln | sprechen

# Die Vorleserin

In einer Bücherei findet man ganz unterschiedliche Bücher.

Sortiere die Bücher richtig in die Bücherregale ein.
Male dann das Regal an, aus dem du dir ein Buch ausleihen würdest.

| | |
|---|---|
| Der geheimnisvolle Koffer • | • Das magische Baumhaus |
| Gefahr für Tobi und Tina • | • Mord im Hühnerstall |
| Pippi Langstrumpf • | • Wale und Delfine |
| Mein Pony Leila • | • Das alte Rom |
| Dornröschen • | • Elektrizität |
| Rapunzel • | • Im Zoo |

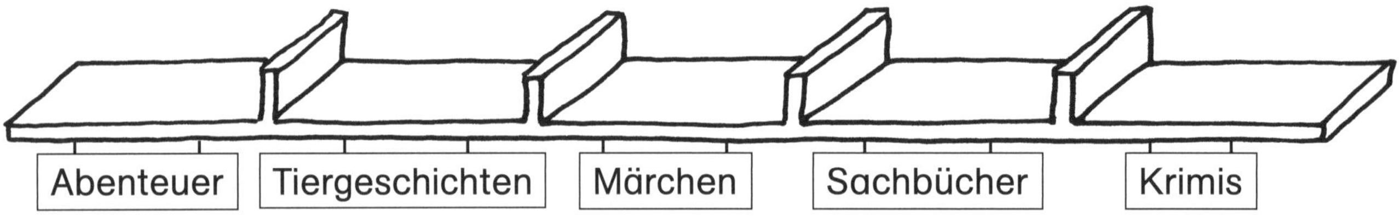

Welche Arten von Büchern sind bei euch am beliebtesten?
Vergleicht eure Ergebnisse in der Klasse und stellt eine Rangliste auf.

① ______________________

② ______________________ ③ ______________________

Was gefällt den Mäusen an den Geschichten?
Lies auf Seite 128 nach und schreibe drei Sätze dazu auf.

Verwende dabei diese Wörter aus dem Text: „Zeit“, „Gedanken“ und „verzaubern“.

1. ______________________

2. ______________________

3. ______________________

 

Name:

lesen schreiben forschen rätseln malen basteln sprechen

# Der Tyrann

Auf Seite 119 kommt das Wort „Tyrann“ vor. Lies die Erklärung.

Ein „Tyrann“ ist jemand, der allein herrscht und dabei oft Gesetze missachtet. Es geht ihm nur um die Macht und seine eigenen Interessen. In einer „Tyrannei“ werden Menschen unterdrückt und terrorisiert.

In früheren Zeiten war es oftmals üblich, dass eine einzelne Person regierte. Solange die Menschen das Gefühl hatten, dass der Alleinherrscher auch für ihr Wohl sorgte, fanden sie dies auch in Ordnung. Doch in vielen Fällen merkten sie, dass der Herrscher nur auf seinen eigenen Vorteil aus war. Immer wieder kam es vor, dass Menschen, die eine andere Meinung hatten, aus dem Land vertrieben wurden. Durch einen brutalen Tyrannen kam es manchmal zu großen Unruhen in der Bevölkerung. Wenn das Volk die Unterdrückung nicht mehr ertragen konnte, versuchte jemand, den Tyrannen umzubringen. Der Mord an Julius Cäsar am 15. März 44 vor Christus in Rom ist einer der bekanntesten Tyrannenmorde.

Beantworte die Fragen zum Text.

1. Erkläre mit eigenen Worten, was ein Tyrann ist. ____________________

____________________________________________

2. In früheren Zeiten hatten die Menschen mit der Alleinherrschaft nicht immer ein Problem. Kannst du dir vorstellen warum? ____________________

____________________________________________

3. Wann änderten die Menschen damals ihre Meinung? ____________________

____________________________________________

4. Was hältst du vom „Tyrannenmord“ – ist so etwas in Ordnung? ____________________

____________________________________________

Auf Seite 119 sagt die Mausikarin, dass es in ihrem Rudel keinen Tyrannen gibt. Stimmt das? Sprecht in der Klasse darüber.

Name:

lesen schreiben forschen rätseln malen basteln sprechen

# Alleinherrscher (1)

In der Geschichte gab es viele Alleinherrscher. Hier lernst du vier kennen.

- Suche dir einen Text aus.
- Fasse den Text mit eigenen Worten zusammen und trage die Zusammenfassung der Klasse vor. Nutze auch Informationen aus Büchern oder aus dem Internet.

**Julius Cäsar**

Julius Cäsar wurde im Jahr 100 vor Christus in Rom geboren. Schon sehr früh wollte er Politiker werden, doch der Diktator Sulla hatte etwas dagegen. Darum ging Cäsar aus Rom fort. Im Ausland war er als Kriegsherr sehr erfolgreich. Die ganze Zeit verfolgte er aber weiter seinen Plan, Konsul zu werden.

Zurück in Rom wollte er über das Römische Reich herrschen. Darum ließ er sich zum „Diktator auf Lebenszeit" ernennen. Eigentlich war das gar nicht möglich. Doch Cäsar änderte einfach das Gesetz und bekam dadurch die alleinige Macht im Römischen Reich.

Die Senatoren, die schon lange gegen ihn waren, hatten nun genug – sie verbündeten sich gegen Cäsar. Am 15. März 44 vor Christus holten die Senatoren bei einer Senatssitzung plötzlich ihre Dolche heraus und erstachen ihn. Mit 23 Stichen wurde Julius Cäsar getötet.

**Kaiser Augustus**

Augustus war ein bedeutender römischer Kaiser. Er wurde 63 vor Christus in Rom geboren. Nachdem sein Vater sehr früh gestorben war, wurde Augustus von seinem Großonkel Cäsar adoptiert, was damals nicht ungewöhnlich war. An der Seite von Cäsar zeigte sich Augustus als tapferer Kriegsherr.

Nach Cäsars Ermordung erhielt Augustus dessen ganzes Vermögen, wodurch er schlagartig zu einem mächtigen Mann wurde. Viele Männer wollten Cäsars Nachfolger werden und an die Spitze Roms gelangen, doch gegen Augustus hatten sie keine Chance. So wurde er im Jahr 31 vor Christus zum Alleinherrscher über das Römische Reich. Es begann eine lange friedliche Zeit für Rom.

Im Sommer des Jahres 14 vor Christus trat Augustus eine Reise an, auf der er schwer erkrankte und schließlich starb. Ihm zu Ehren erhielt der Monat, in dem er starb, seinen Namen: der August.

Name:

lesen schreiben forschen rätseln malen basteln sprechen

# Alleinherrscher (2)

**Attila, der Hunnenkönig**

Viele kleine Stämme bildeten zusammen das Volk der „Hunnen“. Regiert wurden sie von einem „Großkönig“. Den Titel „Großkönig“ bekam derjenige, der der tapferste Kriegsheld war. Je mehr Schlachten er gewann, desto besser.

Der bekannteste Hunne ist König Attila, der etwa 395 bis 453 nach Christus lebte. Unter seiner Herrschaft gab es zahlreiche Kämpfe gegen das Römische Reich. Attila kannte die Römer sehr gut, weil er für einige Zeit als Geisel in Rom gelebt hatte. Um zum Alleinherrscher aufzusteigen, war Attila brutal und gnadenlos. Er tat sich zeitweise mit den Römern zusammen und ermordete sogar seinen eigenen Bruder. Nach Attilas Tod im Jahr 453 nach Christus war es mit der Macht der Hunnen allerdings schnell wieder vorbei.

**Napoleon Bonaparte**

Napoleon Bonaparte wurde im Jahr 1769 auf der Insel Korsika geboren. Seine Eltern schickten ihn im Alter von neun Jahren auf eine Militärschule. Zur Zeit der Französischen Revolution, die 1789 begann, verschaffte sich Napoleon großes Ansehen durch seine militärischen Erfolge. Er gewann wichtige Schlachten in Italien und Ägypten.

1799 ließ er sich zum obersten Konsul wählen, einige Jahre später sogar zum Konsul „auf Lebenszeit“. Dadurch hatte er in vielen Bereichen die alleinige Macht. 1804 wurde Napoleon Kaiser von Frankreich. In den folgenden Jahren führte er viele Kriege und eroberte dabei zahlreiche Länder, z. B. Italien und Österreich. Die „Völkerschlacht“ bei Leipzig verlor er jedoch.

Kurz danach wurde er auf die Mittelmeerinsel Elba verbannt, anschließend auf eine Insel im Atlantik, die St. Helena heißt. Dort starb Napoleon 1821. Sein Sarg steht heute im Invalidendom in Paris.

Name:

**lesen** **schreiben** forschen rätseln malen basteln sprechen

# Die Uhr steht still

Die Mäuse haben die Uhr zum Stillstand gebracht. Trotzdem kommt die Menschenköchin wie immer pünktlich um sieben Uhr in die Küche.

Wie kann das passieren?

Was rufen und denken die Mäuse wohl, als der Turm einstürzt? Schreibe auf.

Der Mäusejosef beschuldigt Lillimaus und den Mausephilipp. Die beiden haben nicht bis zum Schluss an dem Turm mitgebaut und sind deshalb angeblich schuld daran, dass der Turm nicht fertig wurde.

Was sagst du zu dieser Anschuldigung? Hat der Mäusejosef recht?

Name: ____________________

lesen **schreiben** forschen rätseln malen basteln sprechen

# Lillimaus trauert

Lillimaus macht sich Vorwürfe, weil sie dem Mausephilipp nicht geholfen hat, als man ihn in den Garten stieß.

Was hättest du an ihrer Stelle getan? Kreuze an und schreibe auf.

☐ Ich hätte ihm geholfen, weil ____________________

____________________

☐ Ich hätte ihm auch nicht geholfen, weil ____________________

____________________

Lillimaus trauert um ihren Mausephilipp. Was tust du, wenn du traurig bist?

____________________

Lillimaus überlegt, was sie ihrem Freund sagen würde, wenn sie ihn noch einmal sehen könnte. Schreibe auf.

Lieber Mausephilipp, ____________________

____________________

____________________

____________________

____________________

____________________

____________________

____________________

Name:

lesen | schreiben | forschen | rätseln | malen | basteln | sprechen

# Wilhelm Tell

In der Nacht liest Lillimaus ihren Mäusefreunden die Geschichte von Wilhelm Tell vor, einem Helden aus der Schweiz, der für die Freiheit kämpfte. Der Mäusejosef, der heimlich lauscht, erkennt in der Geschichte Parallelen zu seinem eigenen Rudel.

Welche Parallelen gibt es? Schreibe auf.

| In der Wilhelm-Tell-Geschichte | Im Mäuserudel |
|---|---|
| Der Landvogt hatte das Volk arg gequält und bedrängt. | |
| Er selbst arbeitete nicht. Das Volk hingegen ließ er schwer arbeiten. | |
| Er allein bestimmte, was Recht war. | |
| Er machte harte Gesetze. | |
| Viel Böses dachte er sich aus, um die Menschen in den Staub zu treten. | |

Am Ende der Geschichte heißt es, dass Wilhelm Tell einen Pfeil in seine Armbrust legte und den Tyrannen niederschoss. Dieser Satz macht dem Mäusejosef besonders Angst. Warum?

Name:

lesen schreiben forschen rätseln malen basteln sprechen

# Die Mausefalle

Male die Mausefalle so, wie sie im Buch auf Seite 157/158 beschrieben wird.

Willibald will den starken Boss spielen und nähert sich als Erster dem Speckwürfel. Dabei schnappt die Falle zu und trennt ihm den halben Schwanz ab. Was denken die Mäuse wohl in diesem Moment?

Willibald

Mäusejosef

Karlemaus

Lillimaus

Name:

**lesen** schreiben forschen rätseln malen basteln sprechen

# Ohne Boss

Bringe die Satzstreifen in die richtige Reihenfolge. Nummeriere sie.
Die Buchstaben auf der rechten Seite ergeben ein Lösungswort.

| | | |
|---|---|---|
| | Sie lud alle anderen Mäuse ein, es ihr nachzutun, denn eine Falle, die bereits zugeschnappt ist, richtet keinen Schaden mehr an. | S |
| | So wurde im Mäuserudel die Mitbestimmung wieder eingeführt und es wurde von da an wieder schön in dem großen Haus. | L |
| | „Wo steckt eigentlich Willibald?“, fragte Karlemaus plötzlich. | R |
| | Die anderen Mäuse waren begeistert, doch Lillimaus lehnte ab. Sie war der Meinung, dass sie überhaupt keinen Boss mehr benötigten. | E |
| | Die Mäuse mussten so sehr lachen, dass ihnen die Tränen kamen. „Die Katz!“, schrie der Mäusejosef, aber niemand hörte mehr auf ihn. | M |
| | Willibald hielt sich versteckt. Darum wollte die dicke Hermannmaus jetzt der neue Boss sein. | U |
| | „Dass mir keiner mehr die Falle berührt!“, rief Karlemaus. | Ä |
| | Da wurden auch die anderen mutig und nippten von dem Speck. | E |
| | Karlemaus schlug hingegen vor, dass Lillimaus der neue Boss werden sollte, da sie als Einzige lesen konnte. | D |
| | Doch Lillimaus schritt vorsichtig auf die Falle zu und biss ein kleines Stück von dem Speck ab. | U |

Das Lösungswort lautet:

| | | | | | | | | | |
|---|---|---|---|---|---|---|---|---|---|
| | | | | | | | | | |

Name:

lesen schreiben forschen rätseln malen basteln sprechen

# Ende gut, alles gut?

**Bearbeite die Aufgaben zum letzten Kapitel des Buches.**

1. Lillimaus wird als neuer Boss vorgeschlagen, will es aber nicht werden. Warum nicht? Lies dazu Seite 164 / 165.

______________________________________________

______________________________________________

2. Das Mäuserudel will ohne einen Boss leben, der alles, was Spaß macht, verbietet. Was können die Mäuse wieder tun, seit Willibald nicht mehr über sie bestimmt? Lies dazu Seite 165.

______________________________________________

______________________________________________

______________________________________________

3. Wie schützen sich die Mäuse nun vor der Katze? Lies dazu Seite 166 / 167.

______________________________________________

______________________________________________

**Am Ende schaut Lillimaus verträumt durch das Küchenfenster. Was denkt sie wohl? Male den Garten. Schreibe ihre Gedanken auf.**

Name: ______________________

# Buchbesprechung

Wie gefällt dir das Buch „Der überaus starke Willibald"? Male an und schreibe auf.

Alle Mäuse angemalt:
Ich stimme voll zu.
Keine Maus angemalt:
Ich stimme überhaupt nicht zu.

1. Die Bilder im Buch haben mir gut gefallen.
2. Es gibt viele spannende Stellen im Buch.

   Das fand ich besonders spannend: ______________________

3. Zum Teil ist das Buch auch traurig.

   Das fand ich traurig: ______________________

4. Etwas Lustiges gibt es aber auch.

   Das fand ich lustig: ______________________

5. Was im Buch geschieht, kann man auch auf Menschen übertragen.

   Ein Beispiel: ______________________

6. Man kann aus der Geschichte etwas lernen.

   Das kann man lernen: ______________________

Male die Stelle aus dem Buch, die dir am besten gefallen hat, auf die Rückseite des Blattes.

Name:

lesen schreiben forschen rätseln malen basteln spielen

# Willibald-Kartenspiel

**So geht's:** (für 2 bis 4 Kinder)

1. Schneidet die Karten aus.
2. Verteilt sie gleichmäßig an alle Spieler und nehmt sie in die Hand.
3. Ein Kind beginnt und liest seinem rechten Nachbarn eine Karte vor. Gibt das befragte Kind die richtige Antwort („richtig" oder „falsch"), bekommt es die Karte. Antwortet es falsch, so darf das Kind, das die Karte vorgelesen hat, sie behalten.
4. Der Reihe nach befragen sich die Kinder, bis ein Spieler keine Karten mehr hat.
5. Nun wird gezählt. Wer die meisten Karten gesammelt hat, ist Sieger.

✂

| | | | |
|---|---|---|---|
| Die Mäuse haben Spaß daran, mit der elektrischen Eisenbahn zu spielen.<br>*richtig* | Der Mäusejosef wird zur „Nichtmaus" erklärt.<br>*falsch* | Lillimaus wird von Willibald, dem Boss, in die Bibliothek verbannt.<br>*richtig* | Der Mausephilipp probiert zuerst vom Speck in der Mausefalle.<br>*falsch* |
| Die Menschenköchin erzählt Märchen.<br>*richtig* | In der Bibliothek bringt sich Lillimaus selbst das Lesen bei.<br>*richtig* | Der Mausephilipp wird hinaus in den Garten geworfen.<br>*richtig* | Die Mäuse schaffen es, einen Turm bis zum Himmel zu bauen.<br>*falsch* |
| Willibald probiert zuerst vom Speck in der Mausefalle.<br>*falsch* | Lillimaus wird am Ende der neue Boss.<br>*falsch* | Die Mäuse haben Spaß daran, mit der Autorennbahn zu spielen.<br>*falsch* | Lillimaus ist ein Außenseiter, weil sie schwarzes Fell hat.<br>*falsch* |
| Lillimaus wird vom Boss in die Speisekammer verbannt.<br>*falsch* | Die Mäuse schaffen es nicht, einen Turm bis zum Himmel zu bauen.<br>*richtig* | Die Mäuse müssen Erbsen streuen, damit sie die Katze hören.<br>*richtig* | Willibald ernennt sich selbst zum Boss des Mäuserudels.<br>*richtig* |
| Lillimaus ist ein Außenseiter, weil sie weißes Fell hat.<br>*richtig* | Die Menschenköchin liest Krimis vor.<br>*falsch* | Lillimaus will am Ende nicht der neue Boss werden.<br>*richtig* | In der Bibliothek bringt sich Lillimaus selbst das Schreiben bei.<br>*falsch* |

Name:

lesen schreiben forschen rätseln **malen** **basteln** sprechen

# Willibald-Stiftehalter

**Du brauchst:**

- eine Toilettenpapierrolle
- Tonpapier (grau, weiß, schwarz, rosa)
- einen Filzstift (schwarz)
- einen Bleistift
- Schere und Klebstoff

**So geht's:**

1. Klebe graues Tonpapier um die Toilettenpapierrolle.
2. Schneide die Vorlagen aus. Übertrage sie auf das Tonpapier und schneide sie aus.
3. Male Pupillen in die Augen.
4. Schneide aus schwarzem Tonpapier einige Streifen (5–6 cm lang) als Tasthaare aus.
5. Klebe die Augen, die Nase, die Ohren und die Tasthaare an den Kopf. Klebe dann die Füße, den Schwanz und den Kopf an den Körper.

✂

Kopf

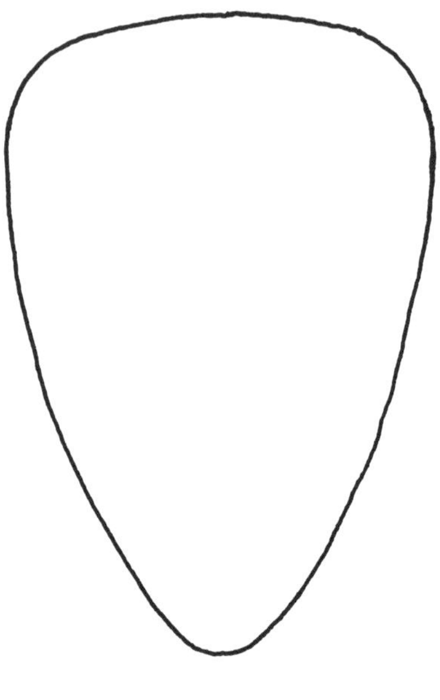

Ohren

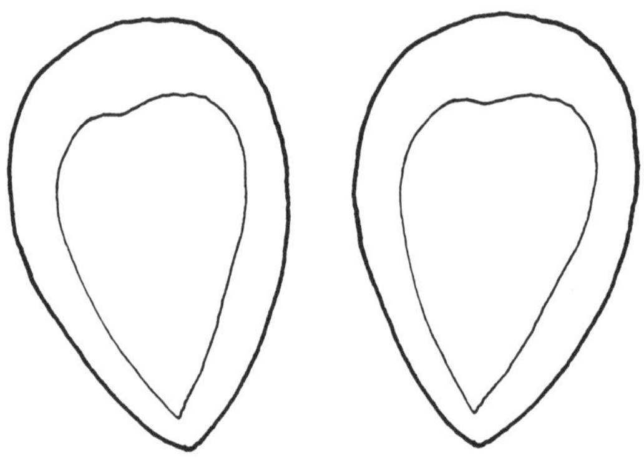

Füße

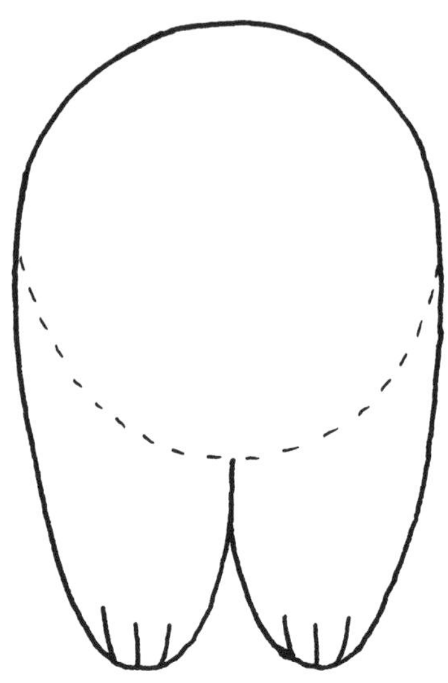

Augen

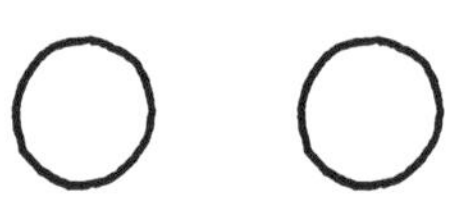

Nase

Schwanz

# Mäusemaske

**Du brauchst:**
- Buntstifte
- eine Schere
- einen Klebstoff
- festes Papier oder Karton
- eine Nadel
- ein Gummiband

**So geht's:**
1. Male die Mäusemaske an und schneide sie aus.
2. Klebe die Maske auf festes Papier oder auf Karton.
3. Schneide die Maske und die Augenhöhlen aus.
4. Stich an den Seiten mit der Nadel vorsichtig zwei kleine Löcher ein.
5. Miss das Gummiband ab, sodass es um deinen Kopf passt. Schneide es ab, zieh es durch die beiden Löcher und verknote es.

✂

Name:

lesen schreiben forschen rätseln malen basteln sprechen

# Infoseite „Diktatur“

Der Begriff „Diktatur“ kommt aus dem Lateinischen und bedeutet: In einem Land regieren nicht mehrere Menschen gemeinsam, sondern nur eine einzige Person, ein Diktator. Ein Diktator wird nicht vom Volk gewählt, sondern gelangt oft gewaltsam an die Macht. Manchmal hilft ihm das Militär dabei. Wenn die Situation in einem Land schwierig oder gefährlich ist, verspricht der Diktator, für Ruhe und Ordnung zu sorgen. Darum vertrauen ihm die Menschen meist zunächst.

Ein Diktator legt die Regeln und Gesetze in einem Land allein fest und sorgt streng dafür (oft mit Hilfe der Polizei), dass sie eingehalten werden.

In einer Diktatur ist es gefährlich, seine Meinung offen zu sagen oder zu schreiben, z. B. im Radio oder in einer Zeitung. Es herrscht also keine Meinungs- und Pressefreiheit. Wenn man das, was der Diktator sagt und tut, nicht gut findet, muss man stillhalten. Lehnt man sich dagegen auf, so drohen Gefangennahme und schlimme Strafen. In einer Diktatur kann es passieren, dass unbequeme Menschen einfach festgenommen und weggebracht werden, ohne dass es ein ordentliches Gerichtsverfahren gibt. Ihre Angehörigen erfahren meist nicht, wo sie sind und wie es ihnen geht.

Das Leben eines Einzelnen, seine Würde und seine Rechte zählen in einer Diktatur nichts, solange das Ganze funktioniert. In der Geschichte gab es einige Diktatoren, die für den Tod unzähliger Menschen verantwortlich waren.

Wenn sich allerdings sehr viele Menschen gegen einen Diktator auflehnen, dann verliert er seine Macht.

Bearbeite die folgenden Aufgaben.

1. Einzelarbeit: Lies den Text sorgfältig und markiere wichtige Informationen.
2. Partnerarbeit: Malt den Umriss eurer Hand auf ein leeres Blatt Papier. Wählt die fünf wichtigsten Aussagen aus dem Infotext aus und schreibt sie mit eigenen Worten in die fünf Finger der aufgezeichneten Hand.
3. Gruppenarbeit: Vergleicht eure Ergebnisse untereinander und gestaltet gemeinsam ein Infoplakat zum Thema „Diktatur“. Verwendet dazu auch Informationen aus Büchern und aus dem Internet. Stellt am Ende euer Plakat in der Klasse vor.

Name:

lesen schreiben forschen rätseln malen basteln sprechen

# Infoseite „Demokratie“

Der Begriff „Demokratie“ kommt aus dem Griechischen. Übersetzt heißt er „Herrschaft des Volkes“.

In einer Demokratie sollen alle Menschen die gleichen Rechte und Pflichten haben. Jeder darf seine Meinung sagen, auch öffentlich in einer Zeitung oder im Radio, ohne Angst haben zu müssen, dafür belangt zu werden.

In einer Demokratie sagt man: „Alle Macht geht vom Volk aus.“ Da aber nicht alle Menschen gemeinsam Entscheidungen für ihr Land treffen können, benötigt man „Volksvertreter“. Es gibt verschiedene Parteien, die den Menschen klarmachen, welche Dinge ihnen besonders wichtig sind und was sie im Land verändern wollen. Diese Parteien stellen sich zur Wahl und das Volk entscheidet, wer von ihnen in den kommenden Jahren das Land regieren darf. Alle vier Jahre wird auf diese Weise in Deutschland der Bundestag gewählt.

Jeder Bürger wählt geheim und frei. Das bedeutet, dass man wählen darf, wen man will. Niemand wird unter Druck gesetzt, eine bestimmte Partei zu wählen. Ist man mit der Arbeit einer Regierung nicht zufrieden, kann man beim nächsten Mal eine andere wählen.

Seit der Gründung der Bundesrepublik Deutschland im Jahr 1949 gibt es in Deutschland wieder eine Demokratie. Hierbei muss sich die Regierung in allem, was sie tut, an die geltenden Gesetze und Regeln halten. In Deutschland stehen diese im „Grundgesetz“.

Bearbeite die folgenden Aufgaben.

1. Einzelarbeit: Lies den Text sorgfältig und markiere wichtige Informationen.

2. Partnerarbeit: Malt den Umriss eurer Hand auf ein leeres Blatt Papier. Wählt die fünf wichtigsten Aussagen aus dem Infotext aus und schreibt sie mit eigenen Worten in die fünf Finger der aufgezeichneten Hand.

3. Gruppenarbeit: Vergleicht eure Ergebnisse untereinander und gestaltet gemeinsam ein Infoplakat zum Thema „Demokratie“. Verwendet dazu auch Informationen aus Büchern und aus dem Internet. Stellt am Ende euer Plakat in der Klasse vor.

Name:

lesen | schreiben | forschen | rätseln | malen | basteln | sprechen

# Infoseite „Nationalsozialismus“

Der Begriff „Nationalsozialismus“ beschreibt eine Zeit in Deutschland, die noch gar nicht so lange her ist. Nach dem Ersten Weltkrieg, der von 1914 bis 1918 dauerte, ging es vielen Menschen in unserem Land nicht gut. Das nutzten die Nationalsozialisten aus. Sie versprachen den Menschen, viele Dinge zu verbessern, und errichteten im Jahr 1933 eine Diktatur. Das bedeutet, dass es nur noch eine einzige Partei gab: die NSDAP („Nationalsozialistische Deutsche Arbeiterpartei“). An ihrer Spitze stand Adolf Hitler. Alle anderen Parteien wurden verboten. Somit hatte die Volksvertretung keine Bedeutung mehr.

Hitlers Partei setzte sich auch über viele Gesetze hinweg. Zur Zeit des Nationalsozialismus gab es z. B. keine Meinungs- oder Pressefreiheit. Es war gefährlich, seine Meinung zu sagen oder zu schreiben. Auch was man privat sagte oder tat, wurde häufig überwacht.

Die NSDAP verfolgte aber auch fremdenfeindliche Ziele. Um für die Deutschen einen größeren Lebensraum zu schaffen, sollten durch Kriege zahlreiche Länder erobert werden. So wurde im Jahr 1939 der Zweite Weltkrieg begonnen.

Die Nationalsozialisten behaupteten, die „deutsche Rasse“ sei mehr wert als alle anderen Völker. Diese menschenverachtende Einstellung führte dazu, dass Millionen Menschen in dieser Zeit eingesperrt, zur Arbeit gezwungen und getötet wurden. Viele Menschen, die eine andere Meinung hatten oder einer anderen „Rasse“ angehörten, kamen ins Gefängnis, Arbeitslager oder Konzentrationslager, was in den meisten Fällen den sicheren Tod bedeutete. Am schlimmsten traf es die Juden, die von den Nazis zum Hauptfeind erklärt wurden.

Mit der deutschen Niederlage im Zweiten Weltkrieg endete 1945 die Diktatur der Nationalsozialisten.

Bearbeite die folgenden Aufgaben.

1. Einzelarbeit: Lies den Text sorgfältig und markiere wichtige Informationen.
2. Partnerarbeit: Malt den Umriss eurer Hand auf ein leeres Blatt Papier. Wählt die fünf wichtigsten Aussagen aus dem Infotext aus und schreibt sie mit eigenen Worten in die fünf Finger der aufgezeichneten Hand.
3. Gruppenarbeit: Vergleicht eure Ergebnisse untereinander und gestaltet gemeinsam ein Infoplakat zum Thema „Nationalsozialismus“. Verwendet dazu auch Informationen aus Büchern und aus dem Internet. Stellt am Ende euer Plakat in der Klasse vor.